上海出版资金项目
Shanghai Publishing Funds

尼阳尼雅·那丹珠（白玉芳）著

萨满·萨满

中国海洋萨满女神系列丛书

上海社会科学院出版社

谨以本书敬献给德立格恩都哩赫赫——海洋萨满创世女神；敬献给创造和传承人类初年文明的智者——萨满

——尼阳尼雅·那丹珠（白玉芳）

激活萨满文化，光照萨满精魂

白庚胜

　　萨满文化是世界性的文化。其文化蕴含着人类文明的宝贵基因，是人类原始社会向奴隶制社会、氏族社会、氏族联盟过渡阶段产生的人类文明之海的第一朵浪花。满族是中华民族的一员，在中华民族的大家庭里，在其与大自然的长期调适协处中创造、保存、传承了萨满文化。在漫长的历史长河中，中华文化的生命力及坚韧性在萨满文化传承当中也可见一斑。

　　萨满文化泛指遗存于世界各地的原始信仰及其文化，特指我国满通古斯语族各民族的原始信仰及其文化。产生于旧石器时代母系社会晚期的满族海洋女神萨满文化，原始地记录并开创了满通古斯先民璀璨的文明进程，成为人类黎明时期哲学、文学、艺术及社会思想精髓的记忆库。但是，由于种种原因，这份具有独特性、族群性的文化遗产在相当长的历史时期，多在民间以口头方式传承。

　　1978年，国家非物质文化遗产工程奏响前奏曲，《改革开放战略的实施》、《中国民间文艺十套志书集成》、《中国民族民间文化普查》等文件和书籍先后面世。2001年，由季羡林、余光远等百余名学者签名倡议抢救和保护民间文化的《中国民间文化抢救工程呼吁书》在全国两会期间作为提案，并由文化部负责，后转为国务院主管、七部委共同承担和实施有关工作。2003年起，由冯骥才与我主持的中国民间文化遗产抢救工程正式启动，中国正式加入联合国颁布的《保护非物质文化遗产公约》，国务院先后发布《关于加强民间文化遗产保护工作的通知》(18号文件)、《中华人民共和国非物质文化遗产法》，国家非物质文化遗产保护工作依据国家法律蓬勃开展。至2015年，国家先后批准非遗代表作名录4批1836项；建立了国家级非物质文化遗产生产性保护示范基地；制定了"中国非物质文化遗产传承人群研修培训计划"，在全国范围确定了23所试点院校。中国非物质文化遗产保护工作成就非凡，成为中国社会历史上农业文明向工业文明转型、计划经济向市场经济转型、传统社会向信息社会转型的坚强文化力量。

在国家非物质文化遗产保护工作的历史进程中，中国萨满文化研究也迎来郁郁葱葱的生机。经过不懈的努力，我国已涌现出以富育光、姜相顺、傅英仁、满都呼、苏日台、王纯信、赵志忠、黄任远、郭淑云、王宏刚等一大批学者，并先后出版了众多萨满文化专著，国家级非物质遗产项目的满族说部也以数十册的规模出版，改变了以往简单地视萨满文化为封建迷信的状况。同时，满族萨满文化传承人的萨满祭祀、萨满歌舞、萨满剪纸、神鼓制作等都已进入到国家、省、市级非物质遗产项目，中国萨满文化研究成果受到国际萨满文化学界的关注，正在成为人们尊崇自然、敬畏自然、爱护地球、关爱生命的文化回望。

今天，我们又欣喜地看到满族女作家尼阳尼雅·那丹珠（白玉芳）经10多年在东北三省进行田野调查、采风积累所撰著的"中国海洋萨满女神系列丛书"问世。这套丛书包括《萨满萨满》《生命生命》《八旗八旗》上下册，以文学语言诠释萨满学术论点，以历史资料和现代影像为素材，展现了满族先民的海洋萨满女神文化，展现了满族漫长族群史及与各民族融合的历史，可谓中国萨满文化研究、乃至国际萨满文化学研究的新成果。与此同时，白玉芳女士还出版了《恩嘟哩赫赫的哈哈珠——女神的儿女》《中国萨满女神——东海·南极》等著作，足以照见她对本民族文化的一片赤心。

我真诚地祝贺"中国海洋萨满女神系列丛书"出版，并衷心感谢尼阳尼雅·那丹珠（白玉芳）女士以中国满族海洋萨满女神文化挖掘和学术阐释为己任，为我国的萨满文化研究、海洋文化作出新贡献。我也期望着在21世纪中华民族文化伟大复兴的进程中，有更多的少数民族作家承担文化传承重任，参加到文化遗产保护工作中来，实现民族文化智慧的发掘、传承与创新，为中华民族多元文化的繁荣、发展作出新贡献。

2015年6月28日于北京

（作者为国际萨满学会副主席）

从绝地天通到续地天通：萨满文化的世纪启示

纳日碧力戈

萨满文化是世界性的文化，它起源于草根社会，包含了人类思想的基本元素，是民间智慧的重要来源。中国东北是萨满文化的母源地，其保留至今的原始活态文化广受世界萨满文化学者关注。近年来，中国的萨满文化富有活力，有关研究成果斐然。东北吉林、西南的贵州和上海，都举办过国际性的萨满文化及萨满音乐的学术会议，中国的萨满文化研究呈现出广泛性、世界性的局面。

中国萨满文化，是承载中国海洋文化的重要载体。纵观人类文明，自大航海时代始，海洋是人类沟通的重要自然载体，在中国社会文明史上，由北方民族中的女真、蒙古、满洲以及达斡尔、鄂伦春、鄂温克、赫哲、锡伯等北方民族先民创造的中国海洋萨满女神文化，随着他们驾驭海洋江河逐水草而迁徙的繁衍和生存，海洋萨满女神文化在世界海洋体系中流传开来，并融汇了草原文化、森林文化，可谓是中国北方民族乃至世界民族之林的文明之源，其中的海洋萨满女神文明，更是人类航海文化、狩猎时代文化的珍宝。

仅就萨满文化来说，中国古代有过地天通的时代，那个时候，"人人萨满"，民神杂处，能上天，能下地。只是到了后来，颛顼帝命重黎二臣阻断通道，"绝地天通"，不使民神杂糅。人类社会由此走上天地阻隔、名实分裂的道路。这里有本体论的寓意：人类的存在需要"地"，也需要"天"；需要"形"，也需要"神"；需要"体"，也需要"心"。可惜，自从"绝地天通"，人们一厢情愿地把"地""形""体"和"天""神""心"分割开来，把生活和理想对立起来，把万物和诸神对立起来。

张岱《祁止祥癖》云："人无癖不可与交，以其无深情也；人无疵不可与交，以其无真气也。"人类交往要真实，要接天地，拨动心弦，触动感情。人类生活原本就是形气神三通的开放过程，真实的人类生活充满萨满味道，癫狂、出神、入地、通天、阴阳、八卦……

中国是一个多民族的大家庭,是一个多文化的大世界,是一个多智慧的大宝库。中国的文化实力离不开少数民族的文化观照,离不开续地天通的本体存在,更离不开万物关联的萨满隐喻,离不开身心交融的真实生活。在这个万象共生的互联网世界,万物关联仍然是基础,生命代谢仍然是铁面现实,不论思绪多高远,不论梦想多美好,脚下的大地依然坚固,喜怒哀乐挥之不去。

　　随着中国社会各民族经济文化的整体发展,中国的人类学和民族学研究呈现了"百花齐放"的态势,中国的萨满文化研究也形成了专门学科,民间的萨满文化研究也异军突起,并卓有成就。白玉芳(尼阳尼雅·那丹珠)女士亦是其中的佼佼者。10多年里,她每年赴东北乡村和边地实地考察和学习萨满文化,她曾与我谈起在田野调查时曾经历过的洪水跋涉,在外生病就医的痛苦和艰难,正是这些艰辛的积累,换来了她对萨满文化的领悟和创作的底气。她以开放包容的心态,以现代民族文化的意识,将满族浩如烟海的原始传统文献资料整合和归类,进行叙写《中国海洋萨满女神系列丛书》的选择和诠释,使之成为构架满族文化与各兄弟民族共同创造的中华民族文化之一页,描绘了各民族共有的精神家园,为彰显中国的多元文化,为续地天通,作出了重要贡献。我为她祝颂吉祥。

　　21世纪以来,人类进入一个全球化时代,人类文明多元化的时代。在这个人们期望世界东西方文化精神融合的时代里,"中国海洋萨满女神系列丛书"中所叙写的萨满文化给我们提供了世纪启示:人类需要续地天通,接地气,合天韵,爱万物,惜生命。

　　是为序。

本文作者为国际萨满学会副主席

复旦大学特聘教授

2014年9月29日于书馨公寓

以文化的使命，传承萨满文化

朱立春

　　文化，很宏大，也很民间。很久远，也很现代。在人类社会的人文史上，文化就是这样存在于族群中，并在人类社会历史的发展中，生息不止，周而复始。

　　萨满文化是中国海洋文化、满族文化的精髓，它萌韧于古代东海，崛起于东北亚，发祥于长白山，并传播至北美、北欧。至现代，由古代氏族萨满世代相传的传统说部、萨满祭祀仪式中的神偶、神词、神歌、神舞以及自然崇拜等文化元素，虽累经风霜，但仍然以古老的传承方式，存在于民间，薪火继燃地传承了人类童年时期蒙昧的社会哲学、生命科学、文学艺术原始元素。正如著名萨满文化学者富育光先生在《萨满论》中所述的：依据萨满初始创立的地理范围以及其所积淀的古文化遗藏和历史嬗变，追寻和摸索人类初兴期种种稚趣的生存烙印，进而揭示古人类何以在冰域环境中开拓与高扬生命之光的秘密。

　　民族文化的重要载体之一，是民族文学创作。"中国海洋萨满女神系列丛书"吸收了满族传统民间文学的精华——中国首批国家级非物质文化遗产名录《满族口头遗产传统说部丛书》中的《天官大战》《乌布西奔妈妈》等书所传承的海洋萨满女神文化，在这些传统说部里，有独特的北方民族特质和民族意识，记录了满族自身的发展历史、社会结构形态、生活习俗、生产方式、民族性格以及地域自然环境等方面的影响，它们最终构成了满族所特有的民族精神和民族文化形态。

　　从"中国海洋萨满女神系列丛书"中，我们可以看到，满族是个善于学习的民族，在其族群逐水草迁徙的历史中，其萨满文化以其自身所处的生产、生存环境的不断改变，包容嬗为海洋文化、森林文化、农耕文化融合的多元文化，在这种多元文化和合体的支撑下，创造了满族从东海的渔猎民族，到国语骑射的马背民族，再到与各兄弟民族一起创建多民族、大一统的清代中国封建社会历史。从而使满族由一个偏居东北的弱小民族，成为中华民族的一员，其创造的民族本源文化，成为中华民族多元文化中的组成部分。世代萨满口传至今的满族传统说部，也在吉林

省政府文化部门的关心下成书，数十本书化为一艘航行在中华民族文化河流中，张着满族文化之帆的新世纪航船。

但由于历史的原因，我们不能否认，满族的本源文化流失甚多。我们过去很重视对《山海经》《东夷传》等的研究，而记载古人类生活和满族先民萨满祭祀的重要文献——满族先世萨满的说部，要比《山海经》丰富得多，可惜过去很少有人重视，鲜有深入的研究。而白玉芳女士却与众不同，她不仅重视民间传说，而且把满族说部里传承的萨满文化，应用到她的学术研究和文学创作之中，开拓了萨满文化研究的新视角，成功破译了《满洲实录》中三女神所代表的满洲先民文化形象，破译了乾隆年间《满洲祭神祭天典礼》中已不明的清宫萨满祭祀所敬奉的满洲神之名称和来历，填补了北方民族文化、满族文化研究的空白，为萨满文化研究做出了贡献。

在弘扬和保护各民族传统文化，努力以创造性转化和创新性发展，实现中华民族文化全面复兴的今天，怎样去挖掘和传承满族文化，寻找满族文化的灵魂，是政府民族工作部门和有关高校学术单位、民间社团应关注的。尼阳尼雅·那丹珠（白玉芳）作为一个生活在上海的中国满族作家，她多次到我们吉林的九台、永吉等地的农村乡间体验生活，到长白山、松花江等地出席萨满文化活动，进行文化交流、田野调查和民间采风。正是这样直接的体验，如此的学习和交流，使她掌握了许多第一手的文化资料，她所编写的"中国海洋萨满女神系列丛书"，纪实资料之多、文化涉及之广以及满族新文化观点的叙写，都非常的弥足珍贵，更有其积极的社会文化意义。

让我们与白玉芳女士一起，以文化的使命传承萨满文化。

是为序。

本文作者为：吉林省社科院民研所所长
吉林省满族说部学会副会长
2015年农历11月24日于长白山

民俗，延续民族文化生命的根本基因

安　俭

　　民俗起源于人类社会群体生活的需要，在各个民族、时代和地域中不断形成、扩大和演变，成为社会生活的载体。民俗，来自民间，传承于民间，具有规范族群行为、语言和心理的基本力量，是延续民族文化生命的重要基因。中华民族多元文化的洪流，是由各兄弟民族的文化载体——民俗而创造和演绎。

　　满族是中华民族的成员之一。在《中国海洋萨满女神系列丛书》中，我们可以看到满族在中国社会历史的作为和文化的传承，是源于萨满文化，光大于世传的民俗文化。其信仰和崇拜自然、尊崇万物为神、敬祖法天，都在其民俗中体现，并形成其民族性格、民族思想、民族文化，成为中华民族多元民俗文化的重要组成部分。

　　在本套丛书中，作者以清代以来八旗部队的驻防历史，叙写了由军事文化与南北方民俗文化融合的文化现象，如雍正年间驻防福建琴江的满洲八旗水师营后裔，他们将满族女性服饰、头饰的送子娘娘，敬奉于祖庙中，祈求旗营人丁兴旺。同时，驻防官兵们还捐资建立了天后宫，形成了琴江地区的独特民俗，在这座天后宫里，既有八旗军人与军属们日常的虔诚敬奉，还含有军事文化元素，如福州将军来营视察，必先到宫中上香敬奉，然后才进入将军行辕。再如每年的春秋大操，福州将军就在天后宫前，检阅八旗水师营的船操、八旗洋枪队等将士们的军事训练，由此，将满族的海洋女神崇拜文化与汉族的妈祖崇拜文化融为一体，成为传至如今，承载着"福建最美乡村""中国历史文化名村"之琴江文化的独特民俗。

　　在本套丛书中，作者依据迁徙至上海、山东、台湾等地满族后裔与华东地区各民族同胞文化融汇的民俗现象，叙写了上海的城市民俗文化。城市是人类文明的结晶，是政治、经济、文化资源富集之地，承载着各族人民对美好生活的向往。20世纪80年代以来，由于人口的流动和经济的发展，全国各地众多的少数民族同胞，怀揣创业梦想，来到上海工作和学习，同时，他们也将自己本民族的民俗文化

带到了上海，使上海的民俗文化日益丰富多彩。如由白玉芳主持的颁金文化工作室，就与各兄弟民族同胞一起，举办了既有北方民俗又含南方民俗的活动，以民俗文化来凝聚民族感情和民族团结。这一民俗文化载体的内核，正如在由华东师范大学社会发展学院、民俗学研究所、学生会与上海市静安区少数民族联合会、南通市少数民联谊会上共同举办的，有满、蒙、回、维、藏和汉族师生、国外留学生、研究生共同参与的"民族团结一家亲——欢庆颁金节、那达慕"联欢会上，由民族文字、民族歌舞、民俗节庆文化所呈现的上海新民俗文化：上海是一个慈祥、博爱的母亲，她以温暖的怀抱，拥抱来自全国各地的各民族儿女，海纳百川地接纳和融汇了他们的民俗文化，叙写了一页中国各民族同胞"美美与共"的篇章。确实，民俗文化就是这样不断地创新和发展，延续着民族文化生命的根本基因。

综上所述，我们看到的《中国海洋萨满女神系列丛书》中所呈现的民俗文化，是综合性的，即有人类初年文明原始文化的讲述，又含有女真族群民俗文化的形成与嬗变；即有满族文化的叙写，又含有满族文化与其他兄弟民族文化的交往、交流、融合；它以图文并茂的萨满口述历史和满族历史文化、民俗文化，给我们展示了一副中国社会"民族和睦、和亲、和荣"的历史画卷：在中华民族漫长的形成和发展过程中，各兄弟民族文俗互相融合，各美其美，美美与共，共同拥有了一个由民俗学与社会学、人类学与民族学元素互相交融，又各有侧重；既有古老族群历史，又有独具民俗特色的多元文化，这正是共同建设中华民族共有精神家园的基石。

是为序。

2015年11月于丽娃河畔

（作者为华东师范大学民俗学教授

上海市民族与宗教事务委员会特聘专家）

中国海洋萨满女神壮哉、美哉！

　　在世界地图上，有一片蔚蓝的海域——鄂霍次克海，她也叫通古斯海。中华民族大家庭的一员，远古满通古斯族之一的满族先民，就生活在她东面的堪察加半岛，因此，称她为东海。她是满族先民敬崇的海洋萨满创世女神诞生的地方，是德立格恩嘟哩赫赫（东海女神）诞生的地方。满族先民——东海女真萨满以海鹅、海狮、海豹、海狗、海鱼骨、鲸鱼、长须鲸，搭起神坛，敲响鱼皮神鼓，唱起祭海神歌，率族众敬崇母亲海：东海，妈妈的海，东海，生命的海，东海，丰饶的海，东海，不息的海。一代一代又一代在这连接欧亚大陆的海岸线上镶嵌了一串生命的东珠，以渔猎时代的生存繁衍，开创建立了人类始前文明——海洋萨满女神文化。

　　世界上的水是相连的，浩瀚的东海日夜奔腾，连接着北美、北欧以及环亚太平洋地区的江河湖海。远古人类渔猎初年，满族先民东海女真人因学会了使用火而与野兽揖别，开创了人类第一大文明——火文明，他们颂唱着人类初年文明的神歌："我的神歌神话啊，它来自东海堪察阿林火山的最低层；它发自东海堪察阿林火山地母神的心底。"在氏族女萨满的带领下，裂石分支，箭环（扳指）为记，在海岛、海浪、海鸟、海兽女神的佑护下，在海上太阳、月亮，海上双马女神奥都妈妈恩赐的光明下，乘上用鹿筋扎起的大木排，摇着漕船浮海而渡，唱着"鄂啰啰，鄂依啰啰"的萨满神歌，开启了人类航海的行程，进入到逐水草迁徙时代。一路前行的先民，从堪察加半岛出发，向北、向东、向西、向南出发，生命的足迹印在北欧、北美、东北亚、环亚太平洋区域浩瀚海洋的火山、冰海之中的海涛、海汐、海峰、海岛上的篝火之光亮中；印在了白令海峡、鞑靼海峡的海汊、海谷、海礁中；印在了广袤的贝加尔湖、库页岛，黑龙江、乌苏里江、松花江、兴凯湖、牡丹江等流域以及渤海海域中；他们最初的氏族是以鹰母呼噜坤命名为鹔鹴（肃慎），尔后，氏族嬗变如星星般遍布黑水白山，氏族部落的称谓以鹰、虎、狼、鱼、犬、鹿、马、山、河等大自

然生物圈的万物而命名。最大的部落是东海窝集部,最初的女罕王为爱坤沙德。

698—926年,满族先民——粟末靺鞨崛起,建立震国。713年,唐玄宗册封大祚荣为"渤海郡王"并加授忽汗州都督,始以"渤海"为号震世。762年,唐朝诏令将渤海升格为国,因此,渤海国成为中国社会纪年史上第一个以海洋文化命名的区域政权年号,并因其管辖的渤海海域特有的海洋文化印记而史称"海东盛国"。尔后200多年的时间里,渤海国承满族先民东海女真之海洋文化(如果以新开河出土文物论证,为6600年以前),派出使者渡海为唐朝与日本建立了联系,将满族先民的东海文化输入日本。以历年带领黑水靺鞨部落首领朝唐之路,接受了中原文化,也将东海满族先民的海洋女神文化圣物——鲸鲵鱼睛、海豹皮、鱼牙绸、朝霞绸、乾文鱼等带到了中原,正如唐代大诗人李白曾赞颂出现在唐皇宫殿里的海洋萨满女神象征万鹰之神——海东青那样,"翩翩舞广袖,似鸟海东来",原发于满通古斯语族先民的海洋文化、渔猎文化、森林文化、草原文化与中原文化相连,开创建立了中华民族文化的广泛交往、交流、交融之路。更为重要的是,由此中国社会记年史,奠定了中国东北是满族的世居地,东北是中华民族领土的历史定论。原发于满族先民的海洋萨满女神文化,随着渤海国的归属,也成为属于中华民族的、历史悠久的人类初年之海洋文化。

1115年,金崛起,宋金使者往来于海上,南北方文化在战火中虽金戈铁马,却也文化交融,一首杭州岳庙墙上的"满江红",一座依兰的五国头城,一南一北地述说着曾经的金宋之战、金宋议和、宋帝北迁,述说着北方人类初年海洋文化与南方海洋文化交融的新篇。

1616年,人类大航海时代中的女真族各部统一于清王朝奠基人努尔哈赤旗下。1635年,皇太极立大清国,以古女真语"满洲"为"海洋、海浪、海洋女神、曼珠(妙吉祥)"之意定族名为满洲族。1644年,清王朝入关,由满族先民东海窝集国敬崇的鹰神、江河湖海神、日月星辰神、山岭动植物神、部落英雄神等女神进入紫禁城皇后的宫殿里,与观音、菩萨、关帝、蒙古神一起,受到皇帝皇后,亲王贝勒,福晋格格,八旗大臣,满洲、蒙古、汉军八旗将士的虔诚尊崇和祭祀。从此,在金水河畔的太和殿里,大清皇帝身着绣有海水江崖、龙腾寰宇之海洋文化符号的龙袍,头顶象征天子敬天的东珠龙冠,以海螺为军号统领天下,20万满洲、蒙古、汉军八旗将士奉旨出发,携带随军家属,驻守在全国各军事要地;在长江、黄河、淮河、海河、辽河、黑龙江、松花江、珠江、西江、澜沧江、怒江等流域，在黄海、南海、东海、渤海等海域，传承、延续、创建着清王朝多民族、大一统的海洋文化和江河文化：康熙年间渡海收复台湾，乾隆年间渡海平定台湾，在雅鲁藏布江平定西藏，在大金川河平定大小金川，在伊犁河畔平定西部，收复新疆，开拓创建了中华民族的领土版图。雍正年间建立满洲八旗水师营，八旗将士在祖国的海域里进行军事训练、清剿海匪，驱除外侵。至晚清，清政府以自建和海外购置的军舰，开山建立海军部队。中国海军的舰艇游弋海洋，访问欧美各国，保卫祖国的领土海疆。

1861年，清政府以洋务运动踏上中国数千年巨变之路。1871年，越鄂霍次克海而来的丹麦大北电报水线"一道光明海上而来"登陆中国上海。在清政府的统一部署下，满汉大臣齐心合力，忠贞报国，他们在一张白纸上描绘着中国走进现代化的蓝图：送幼童、学子赴海外学习军事科学、现代科技、社会哲学、现代社会管理制度等。开山建立船政、电报学堂，以西方工业文明成果——电文明，开创了中国电文明之路，其建立的中国电报公众线路，以现代化的通信信息传播，连通全国，创树中国封建社会历史上最大规模的东西方文明融合之进程，为中国社会的政治、军事、经济、文化全面进入现代化铺设了一条前瞻性、引领性的智慧之路。

1906年，历时45年的洋务运动，终结了中国封建社会管理制度，建立了全新的现代化国家管理制度，完成了中国社会的"数千年之变"。与此同时，也由一张中国电报网，完成了广泛连接欧洲、美洲、亚洲间以及环亚太平洋地区因海洋文化而相连的人类文明。在这条路上，中国海洋文化、西方工业科技文化、东方文化在战争与和平中交融共进。中国海洋文化在外来侵略与中华民族坚强抵抗的战火中涅槃，多民族、大一统的清代国家领土上，中华民族多元文明凝聚形成，响彻海空的天籁之音是"共和共敬共荣"。对此海洋文明盛景的悠久历史，哲学家黑格尔在《历史哲学》一书中写道：人类的文明是从东方开始的，就像太阳从东方升起并向西方行进，人类的文明在中国开始以后，逐步传到印度、波斯、巴比伦、拜占庭、希腊、意大利、西欧。亚洲是文明的诞生之地，但亚洲的文明是静止的，它的贡献主要是将文明之薪火传向欧洲。

1912年，清王朝完成历史使命而逊朝。这一历史正是海洋萨满女神初年文明中所蕴含的"青天高大，神祇原道"之敬天法祖，更新迭代的创建与轮回。曾经是满洲八旗最大家祭的原始萨满神歌"鄂啰啰"飘离紫禁城，化为江河湖海的浪

花,化为森林草原的轻风,重新回归为人类初年文明的记忆,在满族氏族祭祀先祖的庄严仪式中传唱。这记忆,是满族,是中华民族,是世界人类文明的珍宝,她一定不会泯灭。

而今,在中华民族文化复兴的伟大时代,以往对萨满文化的谬解随风飘逝,于1912年以后沉寂近70年的萨满文化,在20世纪80年代拂尘而出,以其尊崇自然、敬畏万物、崇拜女神、心灵清澈的萨满本根文化之精髓,世传神歌在满族原始氏族部落后裔再唱。在世界萨满文化圈里,中国海洋萨满女神之光辉,在21世纪电脑、键盘、鼠标的现代化通信信息之中,重新光亮世界。在海底光缆连通的国际互联网通信信号灯的闪亮中,我们听到、看到了《中国海洋萨满女神系列丛书》中满族古代萨满世传的神词、神歌、神舞,再度绕鄂霍次克海、中国东海、南海、北海、台湾海峡等海域,环太平洋而传唱。

黑格尔在《历史哲学》里写道:在精神的历史发展中,曾经有三个主要阶段:东方人、希腊人与罗马人和日耳曼人。让我们翻开百余万字、以2000余张历史和当代图片资料而成的《中国海洋萨满女神系列丛书》,走进早于西方一个世纪,并由满通古斯语族的满族先民萨满创造,由满族萨满世代传承祭祀,族众敬崇的东海创世海洋萨满女神之"一切生命,赋予无尽的精神之源,一切心孕,饱含不尽的再生之本"的心灵精神世界,在21世纪人类每一个地球村的星空下,共同仰望天宇银河繁星,共同聆听天鼓传声,敬畏自然,憧憬一个蓝天白云、星空璀璨、万物繁茂、生命吉祥的大自然生物圈;憧憬一个文明和谐、氏族平安、族群和谐、人类和平的美好人间!

海洋,人类生命的共同体;海洋,人类文明的共同体;海洋,人类历史的共同体。

创造人类始前文明的中国海洋萨满女神壮哉、美哉!

目录

萨满·萨满

萨满·萨满

第一章 人类始前文明的曙光
——海洋萨满女神文化

通过对中国浩瀚的历史文献进行研究,我们可以发现萨满文化在历史发展上曾经起到十分重要的作用并具有多种层次的功能。即使社会形态发生了极大的改变,很多功能与需求还是作为人类的共性,成为一种可以称为"文化语法"的东西沉积下来,并历经数千年的历史流传至今。这种文化语法的存在不独为中国所有,而是普遍存在,并深深根植于世界诸多文化当中的。流传于世界各地、多维活态的萨满文化,正是这种"文化语法"的重要体现。

——匈牙利国际萨满教研究会主席　米哈伊·霍帕尔

萨满文化有狭义与广义之分。狭义性萨满文化,特指我国满通古斯语族各民族的原始信仰及其文化。广义性萨满文化,泛指遗存于世界各地的原始信仰及其文化。在国际学术界,人们一般在狭义性意义上使用萨满文化这个概念。显然,萨满文化主权是我国国家文化主权的组成部分。中国的海洋萨满女神研究必成大观,为人类始前信仰、审美、心理、文化等的研究作出巨大贡献!

——原中国民间文艺家协会副主席、国际萨满学会副主席　白庚胜

"萨满"(Shaman)现为英语标准词汇,是一个学术用语,该词源于中国满通古斯民族,原是中国北方的满、鄂伦春、鄂温克、锡伯等民族对其萨满祭祀仪式操持者的称谓,意思是"无所不知的智者"。此外,在北欧、东欧、东南亚、

美洲等地也广泛存在类似形态的信仰和仪式文化。海洋萨满女神文化作为人类最古老原始信仰和仪式文化形态之一,是研究人类思想史、文明史及中国民间文学、艺术、天文、历法及原始信仰重要参照,近百年来一直是人类学、社会学、民俗学等学科重点关注领域。在国际学界,萨满文化研究已经成为一门显学。萨满学已成为我国民俗学、民族民间文学、人类学等学科的一个重要学术生长点。

——国际萨满文化研究会副主席　纳日碧力戈

海洋萨满女神文化现象,不论其存在时限、所传播地域,或者所包容的人类文化内容以及对历史和社会所构成的重大影响,在世界人类文化发展史上,都具有不可以轻视的丰富性、突出性和独特的人文地位。人类可以从各方面汲取不同的需求和营养,在人类思维观念、天文、地理、航程、医药、生产工艺、文化艺术等各种领域都有过伟大的求索和开拓,庞大的古文化遗产取之不尽并有待总结和开发。

——中国吉林省民族研究所研究员　富育光

中国北方久有海洋萨满女神文化流传,但是,由于古代文化信息传播和历史记载的局限性,对于满族萨满文化中的海洋文化、创世文化、女神崇拜,以及对满族历史、满族文化、满族民族性格等产生的重要作用了解的人并不多。就史记来说,早期萨满文化流传下来的只有金代才始见诸文献记载,并为蒙古帝国、后金、清帝国所继承,在中国社会历史上产生了长久而深刻的影响。海洋萨满女神崇拜是满族文化的代表,而神歌又是萨满文化的象征。满族人民在呵护她,使这古老的文明不致走向衰亡。无数满族民众渴望本位文化的滋养,努力追寻古老神歌的余韵,为萨满文化放歌,也为多元中华民族文化增添了奇异的光彩。

——上海华东师范大学社会发展学院副院长　田兆元

满族海洋萨满女神崇拜文化与海洋文化有着至关重要的关联,是满族文化的“根脉”。在满族萨满传世说部中的海洋文化内涵是由满族先民的生存环境和生存历程所决定，或者说部本身就自然地传承和包含着海洋文化的基因和信息。满族先人女真人在久远的历史岁月中生活在东海，生存在东海，其所承载的海洋文化，伴随着满族在中国社会历史上与各兄弟民族一起创造了中华民族多元文化。我们需要对满族历史文化和说部所表现的民族生活去进行重新地定位，以便本真地去挖掘和记录这个独具特色的人类文化工程。从海洋文化内涵去探研满族萨满传承的说部文化内涵，会使我们走入说部的本真文化结构，从而放弃了单一看待一个民族、一种文化的行为和习惯，这往往会让人从多视角、多侧面去对待一种文化，认知一种文化，开创一个全新的中国海洋萨满女神研究的文化局面。

——吉林省民间文艺家协会主席　曹宝明

满族如此灿烂、悠久的萨满文化，实在是让我震撼。我们以往所看到和听到的海洋神话，大多来自西方国家。而满族海洋萨满女神文化中的海洋文化，是成系统的、早于西方人类母系社会时期的、中国的海洋创世女神故事。更宝贵的是，源于东海女真人先民古老的女神崇拜、神偶、神歌、神舞、萨满祭祀仪式等，至今还在满族的氏族中很民间地存在，如此历史久远的中国海洋萨满女神创世文化，是我学习海洋文化、了解海洋文化以来鲜有所闻的。萨满文化包含了人类对于自然天体的朦胧认知，是人类初年对海洋、天体、海洋渔业、航海文化、宗教文化、文学艺术、社会历史等文明初始曙光的记载，对我们现代人来说，这个文化体值得去阅读，去发现，去研究，去传承发扬光大。

中国海洋萨满女神文化，是人类海洋文化的瑰宝，是中华民族文化的瑰宝，我们祝愿这块文化瑰宝以其含天宇光、海洋蓝、翡翠绿、玛瑙红、金玉璀璨，宝石缤纷的色彩光亮于大自然的天空下，以其古朴、真诚、纯洁、向善的人文精神，光亮人类文明史的前行之路。

——台湾海洋大学校友会名誉会长　冯台源

第一节　满族文明发轫传承的根脉

萨满文化是什么？

每一个民族都有其在特有的社会和生活环境中形成的本土文化和宗教信仰。满族先民崇拜自然神，信奉原始多神教——萨满教，现在称为萨满文化。

著名萨满文化学者姜相顺论述道：

萨满文化曾广布于北亚、北美、北欧辽阔的寒土上，是地球北半部众多民族信奉的一种以氏族为本位，内向性相当强的原始自然宗教。从有关的出土文物、岩画、史籍、笔记、民族志以及研究者实地调查来看，萨满文化萌生了与人猿揖别后人类漫长的蒙昧时代，兴起并繁荣于母系氏族社会，绵续于父系氏族社会、奴隶社会、封建社会，其影响一直到今天。

萨满文化分布如此广大的地域，又有如此悠长的生命历史，表明它对人类有重大的文化价值。

萨满是什么人？是北方跳大神的人吗？

是驱鬼的迷信吗？

不。满族萨满不信鬼，信奉神，萨满与跳大神完全是两回事。

萨满，满语亦称萨玛、察玛，现统称为萨满。

萨满是氏族的智者,是传承氏族历史,为氏族祈神服务的人。

　　萨满的精神世界里,她所信奉的是崇高的天、神圣的大自然生物圈。信奉万物为神、创世英雄女神、部落女神。

　　萨满是人类思想的智者,是部落的英雄女罕。

　　姜相顺还论述道:

　　萨满,是北方氏族、部落的精神文化代表,保持了宗教的庄严性和人类童年时代文化传承人的质朴性;保留了相当完整和生动的自然宗教特点,具有鲜明的北国地域特色。甚至可以说,它是古代文化的聚合体——几乎囊括了北方人类史前宗教、历史、经济、哲学、婚姻制度、道德规范、文学、艺术、体育、民俗等各个方面的文化成就。北方民族的自然科学:天文、地理、医学以及采集、渔猎、游牧、农耕、航运、手工艺等生产技术也是在萨满教中有所传承和发展的。

　　我们认为,萨满文化的最重要的价值是它以一种活的形态,形象地记录了人类童年时代心灵发展的轨迹,它反映了我们的祖先对世界的认知过程,表达了他们与自然斗争的意志和力量,也揭示了他们的迷惘与失误。这是一个充满现实苦难、充满理想追求的童年,是人类永远不会忘记的童年。

　　萨满文化在进入文明时代以后,有一段蓬勃发展的时期,期间有与外来的宗教与文化的激烈的冲撞、相搏。于是,它抵抗着、变化着,甚至吸收了竞争者的某些成分,继续存活于北方民族的心灵深处。这是一个引人深思的历史文化现象,她从更加广阔的老师角度,给我们提供了人类——而不仅仅是原始人——心灵发展的总进程。

　　在中国海洋萨满女神文化元素里,有古老的萨满祭祀、神偶崇拜,萨满神词、萨满神话(满族说部)、萨满歌舞、萨满服饰等。这些文化元素里,蕴涵着人类初萌的科学意识,蕴涵着人类早期认知的人与动物的关系、人与自然界的关系等。

　　21世纪,由萨满世代口口相传的满族说部《天宫大战》《恩切布库》《乌布西奔妈妈》《西林安班玛发》等都是产生于旧石器时代的母系社会的满族说部。他们和金、清代的几十部说部一起,列入中国首批国家级非物质文化遗产名录、中国民族民间文化保护工程试点项目,由吉林人民出版社以满族口头遗产长途说部丛

书的形式隆重出版，向世界人类文明宝库，向中华民族多元文化宝库，献上了海洋萨满创世女神的创世诗篇。

在满族传世说部里，带着海洋、森林、渔猎文化气息，洋洋洒洒三百女神形象和创世故事，讲述了宇宙的形成，以水是人类生命的起源、是火使人类与野兽有了区别的诉说，叙述了人类从群婚制过渡到偶婚制的社会历史进程、古代人类的朦胧科学意识、文学艺术和生活状况，是人类文明初源的宝贵记录。这些由萨满传承至今的人类文明和族群文化元素，正如马克思在《政治经济学批判：导言》里所说的，是"在人民幻想中经过不自觉的艺术方式所加工过的自然界和社会形态"。古老的萨满文化在人类文明历史上走过诞生、创造、完善、发展、衰落、遗存、复苏之曲折而漫长的道路后，成为今天仍然在民间存在的原始活态文化，讲述着人类初年文明的故事。

如今，历经磨难的满族萨满文化，在东北三省复苏，还其集满族传统文化之大成，生存在白山黑水间的本源文化之根，越来越深刻地昭示着萨满文化是满族数千年文化思想的精髓，是满族民族性格、思想意识形态形成的重要理论基础物质。

大兴安岭祭祀岩画

21世纪,移动互联网高速信息公路的快速发展,使人类文明进入到大数据、大信息时代里进行交流和沟通。看,一幅绘有太阳、月亮、星星、云带的天体崇拜图案岩画,在大兴安岭密林深处的崖壁上出现。在这幅旷世的岩画上,绘有排列有序的人物、太阳、月亮、星星、木鼓,还有动物。

黑龙江沿岸的萨满祭祀岩画

人们站立着,高举双手,祭天唤神。这是古代女真先民萨满祭祀中大型野祭的祭天场景,那是一个天地通和,人兽共享的世界。这些岩画上的绘形图案,正是在21世纪面世的东海女真人初年文明的森林符号文字,他们从远古走来,跨越千万年岁月的迁徙,分分合合地在大自然的天空下,又一次珠联璧合地共同唱诵起回荡在大兴安岭的古老祭天神歌:

鄂依罗罗,

依罗罗——

萨克达比干衣窝集(兴安里阿林)大无疆,

依罗罗——

萨哈连乌拉东流奔海洋,

依罗罗——

广阔无垠的大漠北啊,

依罗罗——

鄂依罗——罗——

这是妈妈乳汁哺育的热土,

这是玛发汗滴浇灌的噶珊,

鄂依罗罗,

鄂依罗——罗——

讷珲德恩安巴阿布卡,

索阔苏苏苏苏毕赫!

(满语:青天高大,神祇原道,轮回之意)

综上所述，我们在科学技术飞速发展的今天研究萨满文化，并不是简单地去寻找它的原始和猎奇，而是去读那原始蒙昧时期的历史画卷，拂去蒙着历史灰尘的萨满原始活态文化，掀开她神秘的面纱，感悟因萨满祭天祭神的信仰，先人们在大自然生物圈下顽强的生存意识，智慧开化，艰苦创业的精神和集体英雄主义的崇高气概。

　　国际著名的萨满文化学者富育光为萨满所做的论述是：

　　萨满，是从远古走来的传奇式的才智博深的民族圣哲，在一定意义上讲，萨满是一个民族的精神、智慧和力量的综合。萨满是民族之师，民族之神，民族之魂，承继着民族精神文化的全部遗产，从而享得全民族的敬重。

第二节　人类初年原生的萨满祭祀

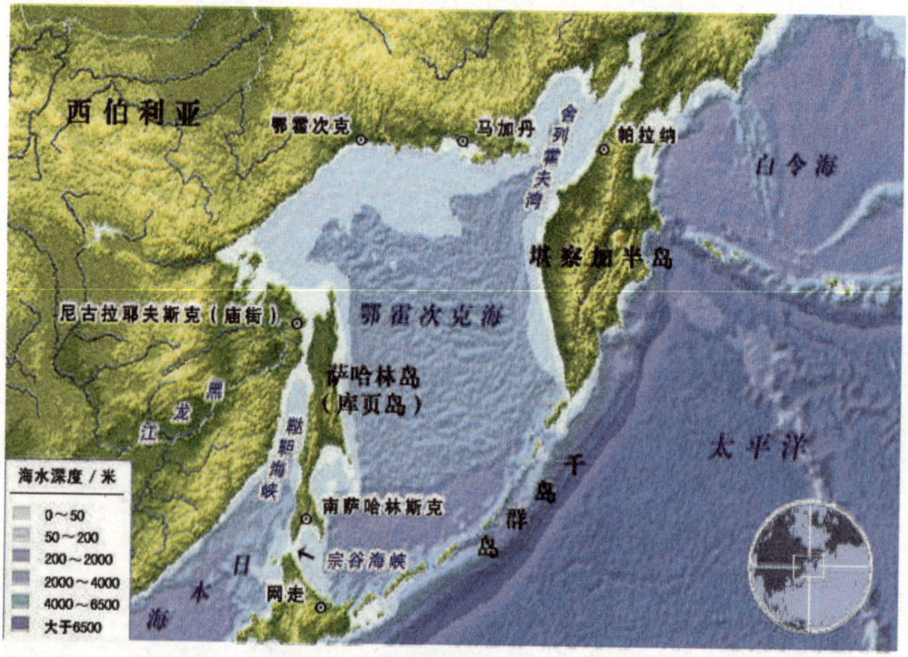

鄂霍次克海域图

古代，东海女真人先民生活在鄂霍次克海（鄂霍次克海原称通古斯海或拉穆特海）东海岸。满族萨满说部中称为东海。萨满文化中的神词、神歌、神舞、祭祀仪式等均由东海的海洋文化起源。

在人类以海岛篝火沟通的千万年前，东海不是现在的概念。古代的东海其东部边界北起为现库页岛、日本列岛的北海道、本州和九州；西边的边界为现欧亚大陆的俄罗斯；南部的边界为现朝鲜半岛。对于古代的满洲族先民来说，东海其广义为太平洋，狭义为是在锡霍特山脉向东看到的海洋，故称为东海。古代东海，是德立格恩嘟哩赫赫（东海女神）赐予人类的海洋世界：

在海涛敲击的板卡根古树岛上，
居住着依兰明安毛恩都哩赫赫（3000个聪明的树女神），
在飞鸟喧哗的坦坡儿阿林上（海滩的森林），
安卧着那丹图们安班恩都哩赫赫（70000个部落的大女神），
在惊涛激荡的德立格奥姆赫赫怀中，
漂居着至高无上的"逊"恩都哩赫赫（太阳）和她统属的——
像浪珠般银洁的恩都哩赫赫……

在300海洋创世女神的大自然生物圈里，诞生了第一个女萨满恩切布库，是她带领着人们，开始了人类创世的生活，是她将众多野人女真的妈妈窝组建成原始部落，是她以部落萨满女罕的身份，搭起神坛，召集东海野人女真妈妈窝：举行隆重的东海女神祭、海祭、祭天、星祭、火祭、祭石、神树祭、血祭、鹰神祭、虎神祭、战神祭等万物为神的萨满祭祀。远古祭祀的动物女神皆为海洋动物，如海东青、海鸥、海燕、鲸鱼、海豹等。如黑龙江满族白蒙古传承的神格唱到：大萨满哪，千网得来的大鳇鱼，已经供献上了，这是你的海中坐骑，我们是从两千里外的东海给你网来的。

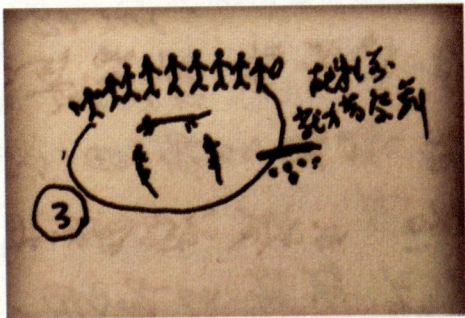

东海野人女真海祭中的祭鲸仪式

东海女真人在举行祭祀时,鱼和鲸是祭坛石案上的献牲,人们要跪在它的面前,颂念虔诚的神词:

咚咚鱼皮鼓声中,浪尖里划来十只柏木长舟,
十只长舟中拘俘着一条巨鲸。巨鲸喷跃着巨浪,
排山倒海,波涛像天雨铺卷了十里长林。
天雨降着黄花鱼、鲭鳞鱼、扁头鱼、长带鱼、小团鱼。
木鼓咚咚,皮鼓咚咚,骨枷铮铮,石枷铮铮,
阖族齐向东天祭拜,遍山遍野,欢声雷动。

东海女真人在举行萨满祭祀时,鹰是必祭的女神。当神鼓劲敲,声传百里远时,全部落人跪在海滩上的祭坛前,以伴唱呼应声,深情地呼唤:

昂巴珊延海青(大白鹰)快降临!
昂巴珊延海青(大白鹰)快降临!
喈,喈,从天飞降像风雷电闪,
喈,喈,从山飞下像金光耀眼,
喈,左翅膀展开遮住太阳,
喈,右翅膀扇开挡住月亮,
你双眼看透万里云雾,
你叱咤鸣叫声震寰宇!

当时最隆重的海祭仪式,是部落联盟女罕过世,新女罕需经东海女神认定时举行的海祭仪式最为壮观。据著名萨满文化专家富育光根据清光绪十六年(1891年)整理的《海祭神谕》等调查资料传承,世居东海的满洲氏族瓦尔喀部等七大姓举行海祭的盛况为:

祭坛:用鱼筋、鹿皮筋缠绑于海底石上的大木筏,木筏上四周缀着巨石,筏面上铺有砂石,上搭松柴。

祭祀现场:深夜,千星、万星出齐,海滩沿岸堆起百堆篝火,全体族人跪向大

海波浪中的海祭神坛，主祀女萨满身穿祭海神服，赤臂裸足，腰围鱼皮神裙，上面系着腰铃、佩戴着鱼牙、鱼骨、哈喇、鱼眼珠、彩石等神偶和灵物，身上涂满鱼油鱼血，排队列阵，敲响神鼓，海祭隆重开始！

祭祀仪式：新继女罕率各部穆昆达（首领）、主祀女萨满与众萨满登流筏，向海祭神坛破浪行进。登上祭坛后，女萨满泼洒鲸油，拜鼓颂唱神歌后点燃象征德立格恩都哩赫赫赐予的神火，在熊熊燃烧的圣火中，族众们双手拍地，高声欢呼，祭祀现场上，鼓声、铃声、螺号声在海面上宛如涛涌浪啸！

祭祀神舞：主祀女萨满跪拜后祈请东海女神德立格恩都哩赫赫，在短暂的昏厥过后，她双手高举和掌向天，她如鱼般扭动着身躯，跳跃、旋转，舞蹈中，她以手中的彩带轻拂族人，口含清水喷向族众，象征着东海女神德立格恩都哩赫赫给族众们带来七彩太阳的神光，给族众们送来东海的生命圣水。

神判女罕王：主祭女萨满割一段新女罕的头发放置于海涛之中，又用鱼骨刺破女罕前额，鲜血滴入海中，海中泛起白色浪花，即意味着一位能统辖东海各部落的女罕神判成功！

古代的人类狩猎时代和母系社会时期，没有国家领域和民族的概念。在古代的时候，女真先民每迁徙到一个新的地方，都要在部落栖息的原始森林里选择一棵榆树或松树、柳树，将其奉为部落的神树，供奉上部落崇拜的动物神图腾，举行隆重的萨满祭祀，开始新的生活。随着满族先民逐水草迁徙而创造的萨满文化，以考古出土文物论证的是在黑龙江兴凯湖出土，至今6000多年以前的鹰神骨雕。这一出土文物与东海满族原始先民的口头传说、历史书籍、官方档案、民间祭祀而验证着满族传世的萨满文化。

6000年以前，东海野人女真对的鹰称呼是什么？

在通古斯语（满语、锡伯语、赫哲语、鄂温克语、鄂伦春语、达斡尔语等）中，海东青的发音为雄库鲁、松昆罗（jongkhurun），肃慎、女真、诸申、诸神、朱理真，都是满语juonshen（jushen），这些都是同一个词不同汉译和转译，其读音与肃慎的读音很相似，与蒙语中的"弓箭"读音也很相似，而满语与蒙语亦与其有许多相同之处，在目前没有学术研究来解释为什么古代满族先民被称为"肃慎"的情况下，我们是否可以来联想一下，"肃慎"的含意为是如海东青一样勇敢，以弓箭捕鱼打猎的部族。对于这个文化记忆，东海女真人在海祭神歌里是这样豪迈地颂唱：

敲响象征东海形貌的雄鲸肚囊皮椭圆鼍鼓。

哲依勒勒,哲依嗨嗨!百堆篝火燃红海天,

哲依勒勒,哲依嗨霍其坤,霍其坤(满语:漂亮、漂亮)。

呼声与欢乐如海涛相合,整个东海欢笑了!

　　至于东海女真后裔族群的论述,近300年以来,西方的学者亦从语言类研究角度将古代东海女真人以通古斯—满语族论述为发源于贝加尔湖附近的一个古老的民族共同体,满族、锡伯族、赫哲族、鄂伦春族、鄂温克族及生活在俄罗斯境内的奥罗奇人、那乃人、赫哲人、乌底盖人、乌尔奇人、雅库特人皆为原东海野人女真后裔。由东北亚地区女真人发源的萨满文化圈覆盖东北亚、北欧。

　　而在位于中国大陆东南沿海大陆架,东临太平洋,东北邻琉球群岛,南界巴士海峡与菲律宾群岛相对,西隔台湾海峡与福建省相望的台湾岛上,平埔族西拉雅族分支大满族人亦使用大满语,时为台湾原住民语言之一种,属于南岛语系的次语群,亦归类为台湾南岛语第六群,昔日分布于台南、高雄一带的丘陵、平原及河谷等地带,如(原)高雄县小林村。但此语种今已灭绝。

第三节　薪火相传的萨满女神祭祀

盛京祭天堂子

　　至清初,走过人类狩猎时代,母系社会的满族萨满祭祀仪式,总体归纳为"迎神祭天"。据清史稿载:"清起僻远,迎神祭天,初沿边俗。"

　　天命元年(1616年),清太祖努尔哈赤创立大金(史称后金)国,奠定清王朝296年基业,时在兴京赫图阿拉城、辽阳东京城设立堂子以祀神。满族先民的野祭成为国家祭祀。

天命十年（1625年），努尔哈赤迁都盛京后，又建堂子于盛京城大东边门内。两年后，皇后寝宫——清宁宫建成。从此，每逢祭祀，皇帝先到堂子祭天，然后到清宁宫祭神。

天聪九年（1635年）农历十月十三日，清太宗皇太极在沈阳故宫举行祭天大典，以满、蒙、汉三种文字的国史实录，

道光帝沈阳故宫清宁宫祭祖御笔

颁发御旨，宣告天下。改女真族为满洲族，改大金为大清，建立满、蒙、汉八旗，明确规定八旗："凡官员庶民等，设立堂子致祭者，永行禁止。"至此开始，满洲氏族的祭祀由原以氏族进行而转为由八旗军事组织进行的祭祀，清皇室的萨满祭祀，成为满洲八旗最大的家祭，萨满文化出现历史性的变化。

清宁宫内景

西墙上祖宗匣子里存放的子孙绳

由爱新觉罗家族以八旗合并为"九姓"的满洲氏族祭祀，在清宁宫统一举行，人类初年诞生的萨满祭祀成为由皇家统一进行的皇家祭祀。在清宁宫，西墙上敬悬着祖宗匣子，供奉着爱新觉罗氏族世传的祖物子孙绳和祖像，吟唱着萨满世传的渔猎生涯神歌，如在背灯祭中唱道：听着，一个挨一个请神，听着，照样呼打赶兽声。

在祭祀仪式上，保持了原有的海洋文化元素，但海祭、山神祭等祭祀仪式逐渐退出，大型的野祭仪式逐渐退出，而祭天、祭马、祭祖等仪式则成为重要的仪式。

在祭祀的神主中，蒙古神喀屯诺延、汉族神关帝、佛及菩萨成为与满洲八旗的新信仰，受到与满洲自然神、部落英雄神的共同尊崇。对他们的尊称是：上天之子，佛及菩萨，关帝圣君。

祭祀的神器也融入了琵琶、三弦等。形成了宗教音乐的融合。仍留在黑龙江及现俄罗斯远东地区的女真族后裔则保留着原东海女真人大型野祭中的海祭、火

清宁宫举行萨满祭祀用的神器

祭等传统仪式,以及萨满神歌、神词、神舞等。东海女真人先民后裔的鹰祭仍在进行,在祭祀神歌、神舞里,对鹰的赞美,对鹰的崇拜仍是那样的虔诚,如尼玛察氏在举行传统的萨满祭祖仪式时,氏族萨满唱道:

在那遥远的年代,
尼玛察氏在东海的远祖,
在草丛树林里的先祖,
在石头砬子边的先祖,
用这粗陋的木槌,
披荆斩棘,创建了家园。
带着阳光的神主,
展开神翅蔽日月,
乘神风呼啸而来,
我旋了九个云圈又长鸣了九声,
神武的披金光的神鹰,
我来了。

第四节　清皇室与八旗的萨满祭祀

顺治元年(1644年),清顺治帝在摄政王多尔衮和蒙古族女政治家孝庄皇太后的辅佐下,率领满洲(含现满族、鄂伦春族、鄂温克族、达斡尔族、锡伯族、赫哲族)蒙古、汉军八旗部队胜利进关。是年九月,在长安左门外五河桥东(今台基厂大街北口路西一带),建立祭天堂子:街门

清代长安左门

北京故宫坤宁宫

北向，内门西向，建祭神殿于正中，南向。前为拜天圜殿，殿南正中设大内致祭立杆石座，次稍后，两翼分设各六行，行各六重，第一重为诸皇子致祭立杆石座，次亲王、郡王、贝勒、贝子、公各依次序列，均北向。东南建上神殿三间，南向。满族先民创造的人类初年文明——萨满文化进入中原。

顺治十二年（1655年），坤宁宫仿盛京清宁宫重建竣工后，萨满祭祀移往坤宁宫进行。坤宁宫内的配置与清宁宫相仿，依满洲建筑风格建有南、西、北接绕三炕，窗户纸糊在外；按照萨满祭祀形式，在宫前东南方立有祭祀神器索伦杆（又名索摩杆）。索伦杆在祭祀时立于坤宁宫前东南方位的石座上。杆为楠木制，插在固定的石座上，杆的顶端冠一楠木圆斗，祭祀时盛谷米和猪内脏以祭祀乌鸦女神。据清·吴振棫《养吉斋丛录》载："坤宁宫每日祭神，及春秋立杆大祭，皆依昔年盛京清宁宫旧制。凡圣驾东巡盛京，亦必于清宁宫举祀神礼。"

萨满祭祀进入了金碧辉煌的紫禁城。从此，爱新觉罗历代皇帝以"敬祖法天"之敬祖信仰，在坤宁宫内供奉着祖神像、神偶，由爱新觉罗氏萨满太太主持，皇帝、皇后亲临，举行"八旗家祭"。毫无疑问，以上的文化现象，是对满族先民萨满女神崇拜的传承和延续。

时清宫八旗家祭是以爱新觉罗为一姓，满蒙汉八旗将士为八姓，合并九姓的祭天祭神，为八旗后裔祈福。在这里举行满洲祭神祭天萨满祭祀，所祭之神位"佛、菩萨、关帝以及堂子所祭之神并祭"。

在坤宁宫举行的朝祭者为释迦牟尼佛、观世音菩萨、关圣帝君。夕祭者为穆哩罕、画像神、蒙古神，其月祭大祭翌日则敬报祀于天神。清宫萨满祭祀的神歌仍以世传的"鄂罗罗"唤神，

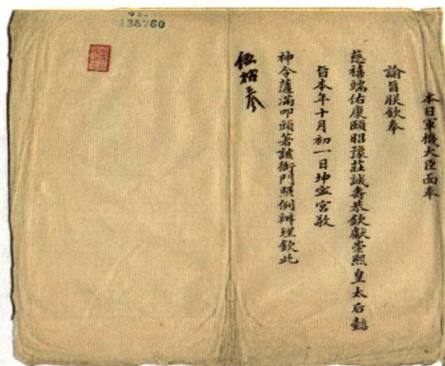

慈禧皇太后就萨满祭祀下发的谕旨

神词、神歌中含有先人渔猎生涯和迁徙途中的居住地记忆。而神词中所颂唱的"阿珲年锡、安春阿雅喇、穆哩穆哩罕、纳丹岱珲、纳尔珲轩初、恩都哩僧固、拜满章京、纳丹威瑚哩、恩都蒙鄂乐喀屯诺延，诸号中惟纳丹岱珲即七星之祀其喀屯诺延即蒙古神以先世有德而祀，其余则均无可考。又树柳枝求福之神称为佛立佛多鄂谟锡玛玛者知为保婴而祀"则无可考。

佛立佛多鄂谟锡玛玛（柳母神）

20世纪80年代，萨满文化拂尘而出，清代宫廷萨满祭祀无可考的诸神拂尘而出，从中可见满族的萨满文化和社会历史中的诸神：阿珲年锡——通达上天与人间信息的年息香神；安春阿雅喇——萨满鹰神之神帽神；穆哩穆哩罕——山神、狩猎神；纳丹岱珲、纳尔珲轩初——北斗七星神；拜满章京——部落祖先神，建立了勿集国，后敬为勿斗五星神；纳丹威瑚哩——为救族众尝百草的部落英雄神；恩都哩僧固——刺猬神。另有卓尔欢钟为南斗七星神。

《满洲祭天祭神》一书中提到：钮欢台吉武笃本贝子者则亦不得其缘起盖古者一方一国各有专祀或因灵应所著而报以馨香或因功德在人而申其荐飨故相沿旧俗昭事维虔祭法所谓有其举之莫敢废也。其实这些称呼正是古代女真人对神的称呼：钮欢台吉——天王。武笃本贝子——"武笃本"是与"乌勒本"音同字不同的汉译，"乌勒本"是存放在西墙上的祖宗匣子中的祖像、神谕、谱碟等，是存放满洲氏族先民萨满文化灵魂的神主。"法天"是尊重多民族所有的宗教信仰。时清帝为天下百姓祈福，则在天坛、地坛、日坛隆重举办祭祀。为求风调雨顺，皇帝常亲往或派亲王、郡王、贝勒往玉泉山龙神祠、广润灵雨祠、黑龙潭等昭灵沛泽龙王之神，虔诚上香祈雨。求雪瑞吉祥则从乾隆帝起以"民间盼雪之心必切。国泰、徐绩、因何不设坛诚祷。以期早沾甘雪。慰民俟望。著传谕国泰、徐绩，即速实心祈祷。仍将曾否续得渥雪之处。迅速由驿驰奏。以慰廑念"。在玉泉山龙神祠建成以后，乾隆帝发下年御制玉泉山天下第一泉龙神祠落成诗纪其事功，并

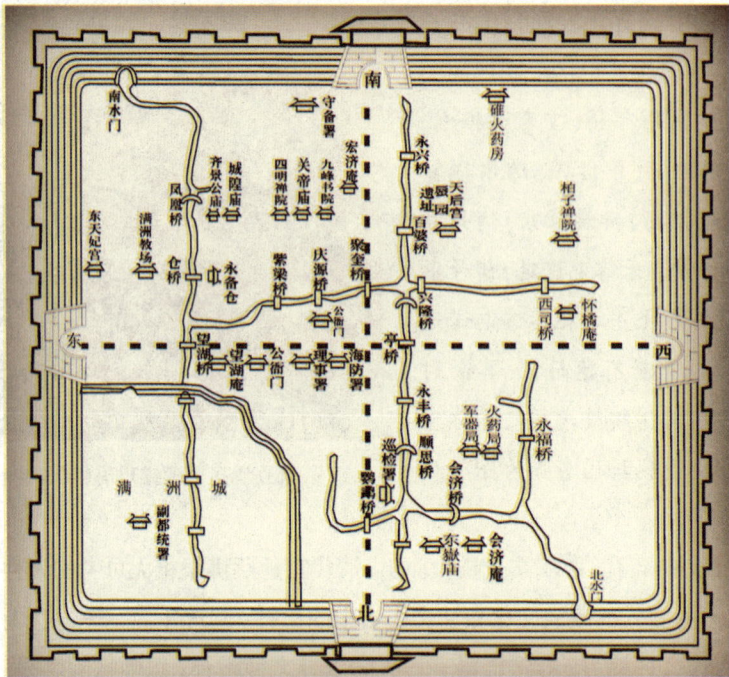

乾隆三十二年乍浦八旗水师营内庙宇分布图

满洲八旗官兵的祭天仪式

定下祭祀规格,之后为天下百民求雪,固定在此祠举行。

清代,随着满、蒙、汉八旗派往全国各军事要地驻防,萨满祭祀也带到了全国各地驻防的军营中。时驻防八旗各旗均建有旗祠,各旗中姓氏族众以其为家庙,共同举行祭柳、祭祖、祭马等萨满祭祀仪式。在保持自己本民族的萨满文化的同时,驻防八旗官兵还捐资建造地方上的庙宇,如乍浦水师营副都统就捐资重新修建了城隍庙。

清王朝还注重驻防部队整体宗教文化建设,使满洲宗教信仰与当地宗教信仰和谐共存,如广州八旗驻防建有供奉观音的“万善宫”;福康安率进藏时,建立关帝庙；八旗水师营在驻地建立妈祖信仰的"天后宫""天妃宫"，凡将军前往视察，必先致天后宫，为妈祖虔诚上香。这一宗教和谐共存之历史，成为创建大清王朝多民族、大一统的信仰根基，也是满族建立的清王朝之所以能创造中国社会历史上唯一长达126年盛世的历史之根源。

第五节　满洲祭神祭天典礼

至18世纪40年代末，满洲祭神祭天典礼进关百年，由于满洲氏族已分布于全国各地八旗军事驻防地，祭神祭天典礼亦发生了一些变化。

一、祭祀祖物与供品

在东北八旗打牲乌拉世家举行传统萨满祭祀时，祭祀的祖物有祖先神像、象征先祖的神偶、祖先留下的物品等。祭祀物品常可见象征祖先神的彩色布条，祭祀时，堂子西墙上的祖宗匣子上贴有象征先祖来自长白山的白色挂签，西炕上摆有木碟数个，这木碟有几个，就代表家族来自长白山的几道沟。

黑龙江宁安满洲富察氏的木香碟

在现黑龙江双城、五常一带，从北京回到黑龙江屯垦戍边的八旗将父母割下的衣袍一角、祖像及家谱等放在西墙的祖宗匣子里敬奉。远赴全国各地的八旗将士则把东北带来的祖物也挂在西墙上，世代敬奉。

二、祭祀典礼用香

满族祭祀用香为年息花叶和芍药花叶所制。年息花又称达子香，又名迎春花、干枝子梅、安楚香、金达莱，学名山杜鹃。在远古渔猎时期，满族萨满就因它有奇香而采集此物做香料敬神。黑龙江志稿中就记载道：满洲人家祭神所用香皆

东北亚山川上野生年息香花

长势青葱的年息花叶

晒干的年息香花叶

自制，谓之年息香，香木产山谷石崖上，高3尺，叶色浓绿，开红花，花时香满山谷，立秋前采取，开花叶阴干研为细末，烧之香气极佳。

顺治十四年（1657年），清王朝拨一批八旗官兵回东北，在乌拉城设立官位高居三品，归朝廷内务府管辖的朝贡机构，打牲乌拉衙门权大地广，管辖吉林及北至鄂霍次克海以北的库叶岛和东至海参崴（今俄符拉迪沃斯托克）一带的广大区域。负责采捕东北特产以及清皇室用香等。

每年四月，吉林打牲衙署就派香丁们每30人一队，跋山涉水沿松花江到朝廷指定的贡山（今吉林省安图县境内的老松香河与靖宇县境），历数月艰辛采回年息香花叶，阴干碾碎过筛后装入年息香匣子，封存在吉林将军的果子楼里，待腊月与其他贡品一并送到京城内务府，供皇家萨满祭祀所用。由于满族的萨满祭祀是平等普世的，进入北京的满洲氏族任何人都可祭天祭神，因此，清代的买卖人中就有小贩买年息香。

清代京城买卖人买年息香

现东北满族民间传承萨满祭礼的家族，仍由族长在每年七月初七日前到附近山顶上义务去采集年息叶备用。因这时的年息香叶味正浓烈时，各种鸟儿都躲得远远的，而且年息香又生长在高山顶石砬子上，特别洁净。

三、统一祭祀典礼仪式

乾隆十二年（1747年）农历丁卯年七月丁酉，乾隆皇帝以"我满洲，禀性笃敬，立念胝诚，恭祀天、佛与神，厥礼均重，惟姓氏各殊，礼皆随俗。凡祭神、祭天，背灯诸祭，虽微有不同，而大端不甚相远。今悉取其意，译为国语，共纂成六卷。庶满洲享祀遗风，永远遵行不坠"，命管理内务府事的和硕亲王允禄等大臣监绘、誊录《满洲祭神祭天典礼》。将萨满祭祀典礼定为祭天、祭柳、祭马、祭星（背灯祭）、祭祖等。自此，满洲八旗萨满祭祀和典礼与清宫萨满祭祀礼仪同步统一。

第六节　原始活态的萨满祭祀

1912年，清王朝历296年退出历史舞台。

由于萨满祭祀是满洲先民原根的宗教信仰，以家族形式举办，清王朝进关后，亦未将其列入国家祭祀，因此其具体内容鲜为人知，以至于在历史上曾被误解和非议。民国成立后，萨满祭祀被国民政府强令停止。从此，宫廷的萨满祭祀成为

清史稿上永远的记录。宫廷的萨满祭祀结束了，八旗满洲氏族的萨满祭祀在关内大面积消亡。

在"文化大革命"中，满洲氏族的萨满祭祀被污蔑为"四旧"而遭彻底砸烂，神鼓被抢被毁，氏族的祖宗板被砸，家谱被烧，氏族萨满被批斗，有的被折磨至死，有的被逼自杀。在许多满族聚居地，萨满文化消失。如黑龙江黑河市瑷珲区外三道沟村，自"文化大革命"开始以后，就不再进行萨满祭祀活动。据村里老人说，神鼓、腰铃等神器付诸黑龙江中，家谱被烧毁。

20世纪80年代以后，随着国家对于民族文化的重视，满族萨满祭祀活动重见天日，传统的祭天、祭神树、祭鹰、祭星、祭祀先祖的萨满祭祀活动在北京原八旗驻防地，辽宁省的沈阳、新宾满族自治县、辽阳，吉林省的吉林、九台、乌拉街，黑龙江省的阿城、哈尔滨、宁安、友谊、瑷珲等市县复苏。每逢隆重而神圣的氏族萨满祭祀，居住在这里的瓜尔佳氏、依尔根觉罗氏、舒穆禄氏、尼玛察氏等氏族的族人聚集在一起，氏族萨满穿上神裙，以满语高声唤神，彰显古老萨满文化的风采。萨满文化里的祭祀、神歌、神舞成为地方政府文化类节日的重要项目。

20世纪80年代，吉林满洲瓜尔佳氏恢复萨满祭祀

广州满族妙吉祥室

萨满文化主题公园也在东北出现，成为民族文化旅游的新兴地。越来越多的满族青年认识到了萨满文化的魅力，他们自发地学习、研究，到博大精深的萨满文化里去探访满族的本源，探访自己氏族的本根，他们的继往开来，是中华民族多元文化中一朵朵美丽的浪花，和各兄弟民族文化汇合为一条条世界民族之河的洪流，永远保有中华民族多元文化

的灿烂和辉煌。

　　在原满洲八旗驻防地的满族同胞则将原萨满祭祀移植于当地的民族文化建设和团结活动之中，如清乾隆二十一年（1756年）时广州设八旗驻防，曾以一旗建一祠，祭祀先祖。民国后，仅存正红旗祠。历经艰难，由初名"万善宫"最终更名为"妙吉祥室"，成为广州市满族历史文化研究会会址。上海满族同胞则将满族萨满祭祀仪式融于民俗，与山东青州、浙江乍浦、江苏镇江、南通等地政府民族工作部门联合举办了纪念乍浦保卫战、镇江保卫战英烈祭的活动。由上海满族同胞复原的萨满祭祀舞蹈也亮相于上海书展、摄影展以及社区的少数民族文化活动之中，被誉为上海城市文明一张多姿多彩的都市少数民族文化名片。

纪念乍浦保卫战173周年

　　以上萨满文化现象，正如中国民俗学会理事、华东师范大学社会发展学院副院长田兆元先生所说：

　　萨满文化的淳朴与自由精神，其信仰的平等色彩，使每场民间祭祀都可面对上天。清帝退位以后，满族民众依然延续着萨满文化，使这一古老文化薪火相传。从旧石器时代传承至今的萨满文化，仍活态地存在。这一文化现象说明：人民需要自己的文化滋养，人民需要自我的文化身份，因为，这是他们的生存依据。

上海满族在静安区文化节上讲萨满文化课

上海满族复原的萨满鼓和祭祀舞蹈

第二章 中国满族创世萨满女神

海底火山爆发——开天裂地中创世女神诞生　作者：关云德　塔娜

　　人类初年文明的萨满创世女神诞生于大自然生物圈，在满洲先民世传的萨满创世女神里，天宇有阿布卡赫赫（天母神）、卧勒多赫赫（星母神），海洋有德立格赫赫（东海女神），地有巴那姆赫赫（地母神）、恩切布库阿林赫赫（神山神），女神们以自己的生命，孕育森林、草原、人类、虫兽，她们以博大无私的爱，教会了人类使用火，使人与野兽揖别，成为人。她们在天海大地上是女神，在人间是女萨满，是女罕王，在人类进化的漫长岁月里，是她们接力讲述人类社会的点滴故事，以智慧造福人类，以信仰培育人类智慧，为人类留下始前文明的记录。

海天下，火山爆发，裂变着海洋岛屿和大陆架，火焰、冰海、洪水，创造和改变着大自然生物圈，女神不死的灵魂，屹立在东海之滨，化为恩切布库阿林，她是东海最远古的信使和证神，她亿万年前的岩熔，她亿万年后的雾霭，倾诉着亿万年前的往事，述说着亘古萨满女神的创世故事……

第一节　萨满神谕女神

博额德音姆萨满　作者：关云德

满族创世女神，来自满族说部《天宫大战》，传承的是天地初开、人类初诞，女神信仰发轫、生命繁衍的故事，反映的是我国满族旧石器时代母系氏族社会的原始文化，比古希腊神话《伊利亚特》《奥德赛》早一个历史时代，填补了中国无创世史诗的空白。

由黑龙江瑷珲四季屯萨满白蒙古传唱，由满族先贤富希陆、吴纪贤记录，由富育光先生讲述的《天宫大战》中传世女神有：

天母神阿布卡；星神卧勒多；地母神巴那姆；江湖沼海女神德立格；生命女神多喀堆；突姆火神；太阳女神顺；月亮女神比牙；百草女神雅格哈；花神依尔哈；护眼女神者固鲁；迎日女神兴额里；登高女神德登；大力女神福特锦；九彩神乌昆哲勒；大鹰星神嘎思哈；西方女神洼勒格；东方女神德立格；北方女神阿玛勒格；南方女神朱勒格；中位女神都伦巴；女门神都凯；计时女神塔其妈妈；鱼星神西离妈妈；天母侍女白腹号鸟、白脖厚嘴号鸟；九色花翅大嘴巨鸭；人类始母神女大萨满；盗火女神其其旦；恶魔女神耶鲁哩……

众女神送给人间的祖先英雄神有92位，如战神、箭神、石神、痘神、瘟神、头疼神、噬血神、大力神、穴居神、飞涧神、舟筏神、育婴神、产孕神、狩猎神、断事神、卜算神、驭火神、唤水神、山雪神、乌春神（歌神）、玛克辛神（舞神）、说古神，等等。瞒尼神，传播古史子嗣故事。

传承创世女神神谕，给予人类恩德的，是博额德音姆萨满，东海女真萨满世代唱颂她：

> 天上彩霞闪光的时候，
> 萨哈连乌拉（今黑龙江）跳着浪花的时候，
> 天上刮下来金翅鲤鱼，树窟里爬出四脚的银蛇，
> 不知是几辈奶奶管家的年头，
> 从萨哈连乌拉下游的东头，
> 走来骑九叉神鹿的博额德音姆萨满，
> 百余岁了，还红颜满面，白发满头，还年富力强，
> 是神鹰给她的精力，
> 是鱼神给她的水性，
> 是阿布卡给她的神寿，
> 是百鸟给她的歌喉，
> 是百兽给她的坐骑。
> 百技除邪，百事通神，百难卜知，
> 恰拉器（神器）传喻着神示，
> 厚受众族的情深呵，
> 犹如东方的太阳神光照彻大地……

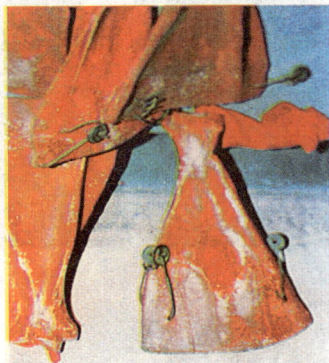
恰拉器

编者注：希腊神话（希腊语：ελληνικ μυθολογα）即口头或文字上一切有关古希腊人的神、英雄、自然和宇宙历史的神话。原始氏族社会的精神产物，欧洲最早的文学形式。大约产生于公元前8世纪以前，它在希腊原始初民长期口头相传的基础上形成基本规模，后来在《荷马史诗》和赫西俄德的《神谱》及古希腊的诗歌、戏剧、历史、哲学等著作中记录下来，后人将它们整理成现在的古希腊神话故事，分为神的故事和英雄传说两部分。

第二节　创世始母神

一、阿布卡恩都哩赫赫（满语：天母神）

阿布卡恩都哩赫赫在水泡泡里诞生

阿布卡恩都哩赫赫是满族先民的最高创世女神——天母神。

在《天宫大战》里，满族萨满如歌如诗地歌颂她的诞生：

世上最先有的是什么？最古最古的时候是什么样？世上最古最古的时候是不分天不分地的水泡泡，天像水，水像天，天水相连，像水一样流溢不定，水泡渐渐涨，水泡渐渐多，水泡里生出阿布卡恩都哩赫赫（"阿布卡"满语为天，"赫赫"为女人，"恩都哩"为神，此句汉意为"天母神"）。

她像水泡那么小，可她越长越大，有水的地方，有水泡的地方，都有阿布卡赫赫。她小小的像水珠，她长长的高过寰宇，她大得变成天穹。她身轻能飘浮空宇，她身重能深入水底。无处不在，无处不有，无处不生。她的体魄谁也看不清，只有在小水珠里才能看清她是七彩神光，白亮湛蓝。她能气生万物，气生云雷，呵气为霞，喷火为星，高卧九层云天之上。阿布卡赫赫从此成为一位永远不死、不可战胜的穹宇母神，维佑天地，传袭百世……

二、卧勒多恩都哩赫赫（满语：星母神）

星神卧勒多赫赫作者：关云德

黑龙江瑷珲张姓萨满绘制的星图

阿布卡赫赫（天母神）上身裂变出卧勒多赫赫（星母神）。卧勒多赫赫好动不止，周行天地，司掌明亮。她用阿布卡赫赫的眼睛变幻出逊（太阳）、毕亚（月亮）、那丹那拉呼（七女星）。

在萨满的理念里，神灵产生于天体的日月星辰之中，大大小小的星辰，虽高挂天宇，却与地上人间接壤，所以，天上的星辰里，有乌鸦、天狼，有太温妈妈（启明星）。正是因为如此，满族的萨满祭星仪式是随着夜空里星阵的出现而高潮迭起，族人们通宵达旦地唤神歌舞，祈求乌西哈赐予穆昆（部落）狩猎平安，子孙添福。

满族进关后，祭星仪式由大型野祭统一为皇家爱新觉罗氏与满洲各氏族同一模式的背灯祭，在这个祭祀仪式上，人们要隆重地祭祀乌西哈恩都哩赫赫（祭星）。在万星出齐的夜空下，族人点起篝火，载歌载舞，感谢布星女神卧勒多赫赫带来星光，火母神突姆赫赫带来火光，感谢北斗星在茫茫原始森林里给人们指引方向。

满族祭星中的唤星神词为：在万星升起的时候，敬请那拉呼。在千星中，敬

请那拉呼。在兽星中，敬请那拉呼。在高栖云天的鹰星和布谷鸟中，敬请那那拉呼。择新月，在祖先众星中，敬请那拉呼。

东海女真萨满乌西哈恩嘟哩（星神）崇拜

星辰名称	汉名	所属星座	祭祀寓意
阿玛里刻乌西哈	北极星	小熊、大熊	指示方向
那丹那拉呼	七女星	昴宿金牛座	众星领星女祖神
噶思哈（鹰神）	萨满主祭星神	双子、猎户等11个星宿合成	萨满主祭星神
依兰乌西哈	三星	参宿、东斗星	季节星，冬夜测时
那丹乌西哈	北斗七星	大熊座	方位星，夜计时
兴额里乌西哈	鼠星	狮子座	冬季迎日星，卜雪量风力
乌云阿布卡恩都哩布库	九天神鹿星	后发	卜吉祥、风雪
毛斤罕	棒星	白羊座、娄宿	卜病瘟、辨方向
托里乌西哈		贯索	卜时岁、卜猎
木都哩乌西哈		天兔与江波之间	卜洪涝
梅合乌西哈	蛇星		卜岁、送暖
恩都哩僧固	刺猬星、房架星	天鹅座	方位星，夜守宅神
塔其妈妈	罗锅星、斛斗星	仙后座	计时星
托包乌西哈	窝铺星	英仙座、胃宿	萨满升天歇脚包（房）
恩都哩特克	台星	飞马座、室宿、壁宿	萨满观测风雪气候
莫林乌西哈	野马星		季节计时星
瓦丹星		乌鸦座	萨满学智慧、存神器的地方
尼玛沁星	鼓星与鼓鞭星	白羊、三角、仙女座、娄宿	布星女神的神器
西离妈妈	鲤鱼拐子星	天猫座、鹿豹座	司冰川鱼族、卜冬日狩猎
妥亲乌西哈哈	阶梯星	室女、后发、猎犬座、角宿	萨满登天的登天梯
乌西哈布鲁古	灵兽星	牧夫、猎犬、后发座	迎日兽
佛朵乌西哈	柳星	柳宿	卜人丁生育神星、卜岁瘟
阿苏乌西哈	网星	武仙座	猎神斑达玛发
尼玛哈乌西哈	鱼钩星	房宿、心宿、尾宿	定农耕、卜丰稔

三、巴那姆恩都哩赫赫（满语：地母神）

有了天空、星空，大地是怎么产生的？

空宇中万物愈多，便分出清浊。清清上升，浊浊下降，光亮上升，雾气下降，上清下浊。阿布卡赫赫下身裂生出巴那姆赫赫（地母神）。这样，清光成天，浊雾成地，才有了天地姊妹尊神。

巴那姆赫赫肤生谷泉，巴那姆赫赫教人穴居地下，筑室洞窟，故北人大家深室九梯，刺猬、蝙蝠均为安全守神。巴那吉额姆身上的肚脐眼，这里住着一位女神，是巴那吉额姆最宠爱的女儿福特锦力神。她是四头六臂八足的大力神，与德登女神同样是身高齐天，只不过她不守视天穹，

满族传世文物：巴那姆地母神偶

而是护视九层天穹的下三层，四头分视四方，眼睛能观察到鸟虫也飞不到的地方，能看穿岩土峦岳。她的六臂能够托天摇地，拔山撼树，能缚捉到千里之外的飞鸟奔兔，闲眼伸手就能采摘野果，辩百草。她长着人脚、兽腿、鸟爪，百虫的足，跑起来连风也追不到。她的身姿与姊妹神德登女神正相反，粗矮雄阔，像一座横亘千里的峰岩。

黑龙江的天地山川　摄影　冯台源

四、德立格恩都哩赫赫（满语：东海女神）

德立格恩都哩赫赫神像

有了浩瀚的东海，有了德立格恩都哩赫赫女神。满族先民在东海岸逐水草而迁徙。他们的生命诞生于海洋，生存于海洋，繁衍于海洋，奉萨满女神中的东海女神为母神，颂唱东海是妈妈的海、生命的海。

满族先民的萨满祭祀有其神偶，初以花草、木为形，神词、神歌中唱颂她为人身鱼形，有神偶出土。一尊由富育光先生在东北地区发现，一尊现藏海外博物馆。

两尊神偶均为人身鱼尾，各具神韵；在东北地区发现的是萨满祭祀海祭的祭祀舞蹈；藏于海外博物馆的东海女神塑像为人首鱼尾，她的脸形为典型的满洲妇女面庞，长发披散，袒胸露乳，颈佩鱼骨项链，双腕佩戴手镯，双手自然按压鱼头及鱼尾，坐在浪花与四只荷叶组成的宝座上，美丽庄严：骑着一尾口衔宝珠的大鱼，腾跃出浪花飞溅、水势汹涌、盘涡深旋、翻滚腾挪、海水翻卷的东海。大鱼寓意为女神掌管东海天宇万物。

满洲氏族举行祭祖仪式时，迎请的首位女神是"德立格莫得里妈妈额真"（东海神主）。尼玛察氏传统的萨满祭祖神歌是：

在那遥远的年代，尼玛察氏在东海的远祖，在草丛树林里的先祖，在石头砬子边的先祖，用这粗陋的木槌，披荆斩棘，创建了家园……

五、突姆恩都哩赫赫（满语：火母女神）

敖钦耶鲁哩喷出的恶风黑雾，蔽住了天穹，暗黑无光；黑龙似的顶天立地的黑风卷起了天上的星辰和彩云，卷走了巴那姆赫赫身上的百兽百禽；突姆火神临危不惧，用自己身上的光毛火发，抛到黑空里化成依兰乌西哈（三星）、那丹乌西哈（七星）、明安乌西哈（千星）、图门乌西哈（万星），帮助了卧勒多赫赫布星。

然而，突姆女神却全身精光，变成光秃秃、赤裸裸的白石头，吊在依兰乌西哈星星上，从东到西悠来悠去，在白石头上发着微光，照彻大地和万物，用生命的最后火光，为生灵造福。南天上三星下边的一颗闪闪晃晃、忽明忽暗的

突姆火母神　作者：关云德

小星，就是突姆火母神仅剩的微火在闪照，像天灯照亮穹宇。因为她的星光在夜空里忽闪，发出的光芒像秋千一样悠荡，人们也尊称她为秋千女神。

从此，后世才有了高高的秋千竿架子，吊着绳子，人头顶鱼油灯荡千秋，就是纪念和敬祀慈祥、献身的火母神突姆。

后世部落城寨上和狍獐皮苫成的撮罗子前，立有白桦高竿，或在山顶上、高树上把兽头骨里盛满獾油、野猪油而成照天灯，点燃照天灯，岁岁点冰灯，升篝火照耀黑夜，就是为了驱吓独角九头恶魔敖钦耶鲁哩，也是为了缅怀和祭祀突姆女神。

六、觉昆恩都哩赫赫（满语：信息女神）

在遥远的荒古，女真人先祖初诞北国寒野，各氏族以声音彼此联络、集聚、生存。在萨满祭祀中，尼玛琴（神鼓）震天，轰乌（晃铃）环响，象征宇宙变化和呼吸，西沙（腰铃）象征风雷闪电，神鞭开路，哈勒马（萨满刀）环声响彻，象征三百创世女神降临。

吉林省九台市蟒卡满族乡的尼玛察氏萨满在《玛苏密》神词里吟唱：

觉昆恩都哩赫赫

将神鼓举过头，金铃斜挎在肩头，银铃肩负在背上。铁铃攥紧在手中，将神鼓举过头负在肩。鼓声回荡，四面八方。

古代，浩瀚的东北亚原始森林里，人烟稀少，人兽共存，觉昆恩都哩赫赫以声音为人们传递生命的信息。

满族萨其勒氏萨满在鹰祭时唱颂觉昆恩都哩赫赫的神词是：

这位觉昆恩都哩赫赫，生长着代敏妈妈（鹰神）的神爪，塔斯哈（虎神）的牙，啄木鸟的嘴，者固鲁（刺猬神）的针光，它先知先觉地将林莽山岩刻出符号，传递信息，祐护北征的人有了活路，看到生存之光。

——富育光译

腰铃

萨满刀

神鼓

第三节　生命始母神

一、依兰恩嘟哩赫赫（满语：三女神）

世上又怎么有了虫兽？有了男有了女？有了禀赋呢？

巴那姆赫赫、阿布卡赫赫和卧勒多赫赫三神造人，最先造出来的全是女人，所以女人心慈性烈。巴那姆赫赫贪睡，等她醒来造人时，姐妹已走，她情急催生，因无光而生，生出了天禽、地兽、土虫。它们白天喜睡，夜间活动；相残相食，暴殄肆虐。而虫类小兽惧光怕亮，癖好穴行。

那么又怎么有了男人呢？阿布卡赫赫、卧勒多赫赫同巴那姆赫赫一起造男人。巴那姆赫赫顺手抓一把肩胛

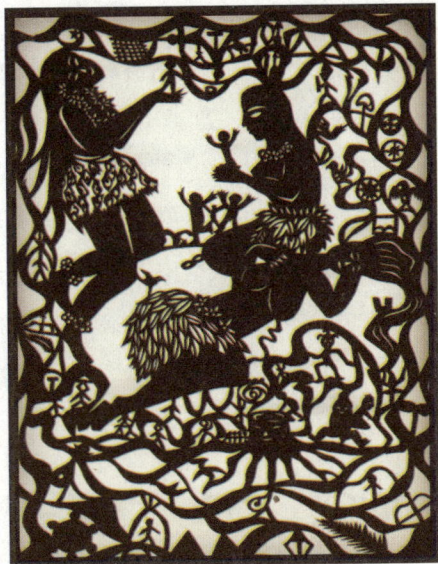

三女神合力造人　作者：关云德

骨和腋毛，还有姐妹的慈肉、烈肉，搓成了一个男人。所以男人比女人身强力壮。由于男人是肩胛骨和腋毛合成的，男人身上的须发、髯毛比女人多。巴那姆赫赫常把肩胛骨压在身下，肩胛骨有泥，所以男人比女人浊泥多，心术比女人则多叵测。阿布卡赫赫说，男人不同女人在哪啊？巴那姆赫赫便想到让男人多一个"索索"（男性生殖器）。她抓了一块肉闭着眼睛一下子摁在山鸡乌勒胡玛身上，山鸡屁股上便多了个鸡尖和小肉桩；姐妹们说摁错了，她又抓下一块肉摁进水鸭肚里，姐妹们又埋怨摁错了，她又抓下一块细骨棒摁到了身边的鹿肚底下，母鹿变成了公鹿。

从此，凡獐鹿狍犴类雄性的"索索"像利针，锋利无比，常常在发情时刺毙母鹿。姐妹们又生气说给摁错了。巴那姆赫赫这时才苏醒过来，慌慌忙忙从身边的

野熊胯下要了个"索索"，摁在她们合做成的男人形体的胯下。男人的"索索"和熊罴的"索索"长短、模样相似，因为是从熊身上借来的。所以兽族百禽比人来到世上早。

二、达拉代敏恩都哩赫赫（满语：鹰母神）

鹰，女真古语为"鹈鹕"，后称为海东青，是满族最高崇拜，她即是创世女神，还是满族的始母神、原始血亲氏族之母神。在各氏族的萨满祭祀里，鹰祭是最重要的，祭祀时，萨满吟唱着鹰母呼鲁昆嬷嬷、达拉代敏恩都哩赫赫的神歌，跳着神圣的鹰舞……

空际的达拉代敏恩都哩赫赫（鹰星）本由卧勒多赫赫用绳索系住左脚，命她协佐德登女神守护穹宇的。可是，赦钦耶鲁哩扯断了绑她的绳索，所以，达拉代敏恩都哩赫赫得以在天空中飞翔，她的星羽突闪突现，变幻无穷。

阿布卡赫赫便命达拉代敏恩都哩赫赫哺育世界上第一个通晓神界、兽界、灵界、魂界的智者大萨满。于是，达拉代敏恩都哩赫赫便用昆哲勒神鸟衔来太阳河中生命与智慧的神羹喂育萨满，用卧勒多赫赫的神光启迪萨满，使她通晓星卜天

满族人最崇拜鹰星女神
（剪纸：关云德）

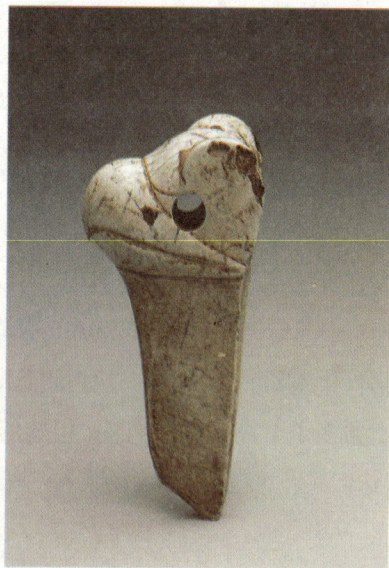

公元前3500年东北红山文化白石鹰杖
（现藏于台北故宫博物院）

时；用巴那姆赫赫的肤肉丰润萨满，使她运筹神技；用敖钦耶鲁哩自生自育的奇功诱导萨满，使她有传播男女媾育的医术。

神鹰哺育的女大萨满成为世间百聪百伶百慧百巧的万能神者，抚安世界，传授百代。满族先民崇鹰的风俗世代传承下来，满族鹰崇拜上至皇家，下至各氏族。祭组先祭鹰神嬷嬷。乾隆帝一首御诗记录了清皇家曾经的鹰祭："几人熟读禽经者，族类仍讹鸠与鹰。羽翼已成应搏击，生鲜欲唉且凭陵。彼其在野传疑幻，若此居笼见那曾。月令分明言獭祭，祭先之语典何徵。御制鹰乃祭鸟。"

三、佛立佛多鄂谟锡恩都哩赫赫（满语：柳母神）

满族先民敬奉柳为始母神，称之为佛立佛多鄂谟锡。满族各部落在举行萨满祭祀时，萨满唱颂祭柳神歌，裸身少女以柳枝为裙，头上戴柳枝桂冠，以柳枝沾水洒向族众，为部落祈福。祭后要举行隆重的射柳比武，优胜者为巴图鲁。

氏族萨满还留下许多传世神歌，记录了满洲先民柳崇拜的文化印记：

柳母神　作者：关云德

千年松，万年桦，开天时的古树是榆柳。长叶柳树能说人语通人性，能育人运水润虫蛙，通天通地称为天树。天树通天桥，通天桥的路分九股，九天九股住着宇宙神，一九雷雪三十位，二九溪涧三十位，三九鱼鳖三十位，四九天鸟长翼神，五九地鸟短翼神，六九水鸟肥脚神，七九蛇猬追日神，八九百兽金洞神，九九柳芍银花神，统御寰天二百七十三位赫赫位高尊。

——满族说部《天宫大战》

宇宙初开遍地汪洋，黑夜中旋转着黑风，在水中生出的生命，最先生出来的是尼雅拉玛（人）吗？是尼玛哈（鱼）吗？是塔斯哈（虎）吗？是伊搭珲（狗）吗？不

是！是佛多毛（柳叶），是毛恩都力（神树），佛多毛像威虎（注：威虎（船），如柳叶（在此暗喻女阴）。佛多毛能在水上漂，能顺风行。世上的人为啥越生越多，遍布四方？凡是有水的地方就有佛多毛，佛多毛生出花果，生出人类。

——黑龙江宁安满族富察氏萨满柳祭神歌

第四节　神 兽 女 神

一、伊搭珲恩都哩赫赫（满语：狗神）

金翅猃	雪爪卢	霜花鹞	睒星狼	苍猊
漆点猈	斑锦彪	茹黄豹	蓦空鹊	墨玉璃

康熙帝宠爱的《十骏犬》　作者：郎世宁

满族先民传下来一句老话——"鹰狗无价"。狗在满族先民古老的狩猎生涯，在万物为神的原始崇拜理念里，占有重要的地位。

满族先民——满通古斯语族生活在东北亚地区，狗是什么时候出现在人们的记忆里？在今俄罗斯远东沿海边疆地区的锡霍特山南段和乌苏里江上游及中国的乌苏里江、绥芬河、瑚布图河、穆棱河、珲春河流域流传的由东海女真人传承的

《乌布西奔妈妈》里能找到答案：

辽阔的东海岸边，有个黄獐子部，部落女罕是年轻貌美的法吉妈妈，她养了数千条，分黑、白、黄、褐等九种颜色，被称为旋风神的狗，它们异常凶猛，娇巧玲珑，能像一支支利箭飞在征马上。关于人与狗的情缘，在这部说部里唱道：黄獐子部兴狗祭，犬多百数，有师专驯，乌咧哩，待犬如子，懂人情，通人语，与人同席枕，乌咧哩。

当远古女真先民部族前往库页岛、堪察加岛的时候，人们赶着由众多10条犬组成的"音达包色珍"（满语：狗棚）：

棚棚相衔，俗誉雪龙，乌咧哩！棚号如歌，灵犬晓明，乌咧哩！人呼犬嚣，驶若快风，乌咧哩！

二、嘎哈恩都哩赫赫（满语：乌鸦女神）

清宫萨满祭祀中的索伦杆

吉林瓜尔佳氏祖像中的乌鸦女神

敖钦耶鲁哩不甘心失败，她喷吐冰雪覆盖宇宙，将万物冻僵，使遍地冰河流淌，阿布卡赫赫的忠实侍女古尔苔受命去取太阳光，却不幸坠落冰山。她千辛万苦钻出冰山，要取回神火温暖大地。可是，她却因饥饿难忍，误吃了敖钦耶鲁哩吐出的乌草穗，不幸含恨死去，变成了一只没有太阳颜色的黑鸟。这个黑鸟就是乌鸦，满族先民敬称她为嘎哈恩都哩赫赫。

为了提醒人们防备敖钦耶鲁哩，嘎哈恩都哩赫赫总是高声地号叫着，日复日、

夜复夜地飞翔在森林和噶栅(村屯),千年不懒惰,万年忠实尽职地为人类报警。人们感激嘎哈恩都哩赫赫,在举行萨满祭祀时,将猎来的兽肉挂在部落的神树上,敬奉给她享用。

满族先民敬奉乌鸦的习俗流传到现在。在满族人的院子里,都有一根索伦杆,每到举行萨满祭祀时,人们会在象征神树的索伦杆上的锡斗里装上切碎的福肉,敬奉乌鸦女神——嘎哈恩都哩赫赫。

满族人家院里的索伦杆

祭天大典上的索伦杆

沈阳故宫里的索伦杆

三、梅合勒恩都哩赫赫（满语：蛇神）

满族萨满剪纸：蛇蟒女神　作者：关云德

满族萨满剪纸：蛇神妈妈人　作者：傅清泉

敖钦耶鲁哩钻进了白雾里，阿布卡赫赫刚要抓住敖钦耶鲁哩的一个头，便觉周身寒冷沉重。原来这是敖钦耶鲁哩把阿布卡赫赫骗进了冰天雪海里。雪海里的雪山比天还高，一座座大雪山压在阿布卡赫赫的身上，压得阿布卡赫赫冻饿难忍。

雪山底下的石堆里边住着多喀霍（燧石女神），温暖着阿布卡赫赫的身体。阿布卡赫赫饿得没有办法，又无法脱身，在雪山底下只好啃着巨石充饥。她把山岩里的巨石都吞进腹内，她觉得周身发热，热力烧得她坐立不安，烤化了雪山，一下子又重新撞开层层冰海雪山，冲上穹宇。可是热火烧得阿布卡赫赫肢体溶解，眼睛变成了日、月，头发变成了森林，汗水变成了溪流。

所以地上的森林树海、河流，不少是从天上掉下来的。由于阿布卡赫赫与敖钦耶鲁哩拼斗，扰得周天不宁。不单是山林、溪流，也把不少生物从天上挤下来。蛇就是光神化身，是从天上掉下来的，虫类也是从天上掉下来的。所以，它们在有火和光的春夏才能出洞生活，到无火无光的暗夜和严冬时便入眠了。

北海指路女神之歌：

梅合勒赫赫是神武的引路女神。她上身赤裸，下身穿着水绿色的海裙，手是船桨，日行百万，送来岁岁吉祥……

第二章　中国满族创世萨满女神

041

四、兴额哩恩都哩赫赫（满语：鼠神）

满族萨满生肖剪纸：鼠神

作者：关云德

满族枕头顶（杨有洪收藏）

阿布卡赫赫又从身上搓落出泥，生出兴额哩赫赫。兴额哩赫赫能在黑暗里钻行，迎接和引导太阳的光芒照进暗夜，这便是永世迎日的鼠星神，鼠星是迎日早临的女神。

阿布卡赫赫担心黎明前黑夜里敖钦耶鲁哩仍偷袭捣乱，就把身边的三耳六眼灵兽派了出去，永远永远地横卧在苍天之中，头北尾南，横跨中天，总是极目远望高天，寻找敖钦耶鲁哩的踪影。

一直到太阳的光芒照彻寰宇，星光隐灭，辛勤而忠于职守的迎日灵兽才从中天消逝。所以，她是朝朝不知懒惰的爱日神兽，满族古语尊称她为乌西哈布鲁古大神。

萨满神歌：鼠星啊，光明之星，占卜山岳，迎接日出。

国家博物馆收藏的满族滕氏布糊画《老鼠娶亲》(局部)

五、窝尔甘恩都哩赫赫（满语：野猪神）

左　右：辽宁牛河梁出土萨满崇拜文物——玉猪龙　中：窝尔甘恩都哩赫赫（野猪女神）
萨满剪纸　关云德

　　猪是萨满文化里重要的自然动物神崇拜之一，在满通古斯语族萨满传承，产生于旧石器时代的满族说部《天宫大战》里，就有了野猪女神的文化印记：鸟生爪，鱼生翅，鱼鳖生骨罩，蛇蜕皮草上飞，百兽牙爪破坚石。野猪最早无锋牙，那是恶魔给安的。

　　敖钦耶鲁哩的长角最无敌，阿布卡赫赫搓下身上的泥做了无数个米亚卡小神，能伸能缩，钻进地下，钻进了敖钦耶鲁哩的九头独角里面。敖钦耶鲁哩又痒痒又头痛，冲到天上，独角让米亚卡小神给钻了一半，再不像过去那样又长又尖了。敖钦耶鲁哩的角掉在地上，正巧赶上野猪拱地成沟，要咬敖钦耶鲁哩，结果那个掉下的角一下子扎在野猪的嘴上，从此野猪长出了又长又灵的獠牙，比百兽都厉害。

　　满族先民对野猪女神的崇拜，在黑龙江宁安市、双鸭山市的集贤县、宝清县、友谊县满族先民肃慎人和挹娄人聚落遗址的出土文物里得到验证。其中带有萨满文化元素的陶猪，距今都已达到数千年，直接验证了满族先民的自然崇拜、万物有神的萨满文化，反映了当时满族先民的文化艺术和社会生活状态，也验证了北方民族先民共同创造的、历史悠久的萨满文化现象。

　　野猪女神的崇拜至今仍在满洲氏族的祭祀中传承，黑龙江宁安市满族尼玛察

氏在野祭神歌中唱颂：

您是山巅上久居的大神，
身高过山，鬃毛如林，
四足遮过山川。
您的獠牙划出了山谷、沟壑。

您闯下山来，万山雷鸣，
千谷风响，用您的神力，
佑护八方安宁……

集贤县滚兔岭出土

集贤县石材场出土

友谊县凤林古城出土

丰宁满族自治县博物馆藏

宁安莺歌岭出土的陶猪，据今3000多年
满族萨满文化文物：野猪神偶

六、巴尔尊恩都哩赫赫（满语：鹿神）

满族鹿崇拜枕头顶

杨有洪收藏

　　在浩瀚的星空里，众星银光闪闪，巴尔尊赫赫追赶着九天神鹿，要让神鹿去飞越火海、冰山。

　　可是，巴尔尊赫赫胖，又老是打瞌睡，所以，她追啊、追啊，总是追不上，全靠卧勒多赫赫（布星女神）相帮，才抓住了神鹿，去接受敖钦耶鲁哩的挑战。

　　满族韩姓氏族萨满在萨满雪祭的神歌里，深情地唱颂着：

奇莫尼赫赫（雪神），骑着九天之上双鹿，

挂着装满白雪的褡裢，来到了萨哈连乌拉，

窝集（森林）红松林闪着银光，

噶栅（村落）雪花飞兴旺安宁……

阿城区举行的萨满雪祭

七、尼玛察恩都哩赫赫（满语：鱼神）

满族萨满剪纸：东海女神 作者：关云德

捕鱼用具 摄于关云德满族民俗馆

古代,满族先民生活在东北亚广袤的原始森林,那里是:群鹊争枝的东海岸,麋鹿哺崽的佛思恩霍通(霍通,汉意为山沟),海浪怀抱着的金沙滩……满族先民信奉自然万物为神,如尼玛察恩都哩就是鱼神之意,古时,东海窝集的一支先民就以尼玛察为姓氏。

草绿草黄,花开花落。一首满族先民传唱至今的乌春(民歌)《跑南海》,真实记录了满族先民的渔猎生产状态:

纳七纳母达,一呀玛发!
鹦鹉靰鞡呀哎嘿,脚上栓呀哎嘿,
合合们呀哎嘿,下南海呀哎嘿,
翻山越岭呀哎嘿,撒大网呀哎嘿,
海风大呀哎嘿,海浪高呀哎嘿,
刮得狂呀哎嘿……
纳七纳母达,一呀玛发!
扯起蓬来哎嘿,抢起桨来哎嘿,
肩靠肩来哎嘿,膀靠膀来哎嘿,
大玛哈来哎嘿,叉海参来哎嘿,
海参崴来哎嘿,打好鱼来哎嘿,
把家还来哎嘿……

黑龙江海口特林涡族鱼骨庙

八、塔斯哈恩都哩赫赫（满语：虎神）

满洲乌德盖氏萨满神服

满族祭祀时用的面具和神服

吉林省九台市莽卡乡满洲石（锡）克特立氏野祭塔斯哈（虎）恩都哩神词：

从山顶传来一声长啸，
南山猛虎，
像团黄云坠下山尖，
冲跳到阖族叩拜的七星斗前！
塔斯哈恩都哩（虎神）啊！
您是威武盖世的神，
百兽之长。
您像一股金风扫过长谷，
百花摇曳，
新房落土，
群峰呼啸，
百灵慑服。
您的伟力，
将庇佑我阖族连年安康，
人畜两旺。

吉林九台满洲石（锡）克特立氏野祭中的虎旗

氏族萨满的神鼓响彻白山黑水

摄影：郭淑云

第五节　依尔哈女神

满族萨满剪纸：芍药花女神

作者：关云德

　　东方天空有个蓝色的草地，有天禽和白树，生长繁茂，住着依尔哈女神（满语：花母女神）。她香气四溢，是阿布卡赫赫身上的香肉变成的。她日夜勤劳，为苍穹制造香云。所以天的颜色总是清澄无尘，而且总是清新沁人：

　　芳香四散，洁白美丽的芍丹乌西哈，光芒四射。她原是天上的刺猬神者固鲁，满身披有能藏魂魄的光衫，帮助阿布卡赫赫生育万物，付给灵魂。她身上的光衫，就全是日月光芒织成的，锋利无比。

　　后世人们头上总喜戴花或头髻插花，认为花可惊退恶魔。戴花、插花、贴窗花、雕冰花，都喜欢用白芍药花。雪花，也是白色的，恰是阿布卡赫赫剪成的，可以驱魔洁世，代代吉祥。

花神嬷嬷额人　作者：傅清泉

第六节　敖钦女神

世上最早的恶魔怎么生的？最凶的魔鬼是谁？

世上的恶魔女神是敖钦耶鲁哩(满语：恶魔女神)。

阿布卡赫赫从身上揪块肉做个九头敖钦耶鲁哩，这样就可以有的头睡觉，有的头不睡觉，又从卧勒多女神身上要来肉，给她做了八个臂，她有的手累了歇息，

敖钦耶鲁哩面具

有的手不累辛勤劳碌。敖钦耶鲁哩九个头颅，想的事超过百禽百兽，眼睛时时有睁着的，耳朵时时有听着的，鼻子时时有闻着的，嘴时时有吃东西的。

敖钦耶鲁哩把百禽百兽的智慧和能耐都学通了。她时时推摇巴那姆赫赫，练得力撼山岳，猛劲无穷。她总看守着巴那姆赫赫，也甚觉没趣儿，有时就发怒吼闹。因她身子来自阿布卡赫赫和卧勒多赫赫，吐出的云气和烈火更伤害了巴那姆赫赫的情绪。

巴那姆赫赫本来就烦恶敖钦耶鲁哩，一气之下用身上的两大块山碴子打过去，一块山尖变成了敖钦耶鲁哩头上的一只角直插天弯，另一块大山尖压在敖钦耶鲁哩的肚子下，变成了"索索"(男性生殖器)。敖钦耶鲁哩被两块山尖一打，马上变成了一个一角九头八臂的两性怪神。她自己有"索索"能自生自育，又有阿布卡赫赫、卧勒多赫赫、巴那姆赫赫身上的骨肉魂魄，又有九个头学到了百能百技，她有利角可刺破天穹大地。她刺伤阿布卡赫赫的腰脊，钻进巴那姆赫赫的肚子里。她自生自育，生出无数跟她一样的怪神。这就是打败了三女神的九头恶魔敖钦耶鲁哩。她能化气升天，能化光入日，能凭角入地，她闹得地动山摇，地水横溢，风雷四震，日月无光，飞星(流星)满天，万物惨亡，天空黑暗了。

太阳河边一棵高大的神树上住着九彩神鸟昆哲勒。它扯下身上羽毛，给阿

第二章　中国满族创世萨满女神

049

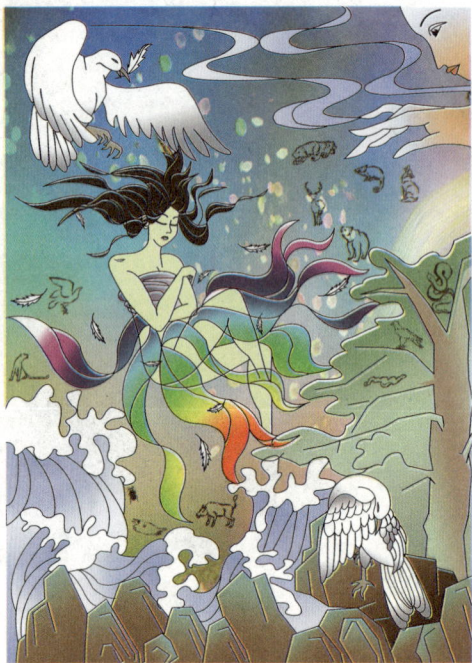

昆哲勒太阳河女神

布卡赫赫擦着腰脊上的伤口，又衔来金色太阳河水，为她冲着伤口，阿布卡赫赫从太阳河水中慢慢苏醒过来。

巴那姆赫赫将自己身上生息的虎、豹、熊、鹿、蟒、蛇、狼、野猪、蜥蜴、鹰、雕、江海牛鱼、百虫等魂魄摄来，让每一个兽禽神魂献出一快魂骨，由昆哲勒神鸟用彩羽为阿布卡赫赫编了织护腰战裙，从此天才真正变成了现在这个颜色。

阿布卡赫赫也真正有了无敌于寰宇的神威，在众神禽神兽的辅佐之下打败了九头恶魔耶鲁哩，使它变成了一个只会夜间怪号的九头恶鸟，埋在巴那姆赫赫身下的最底层，不能再扰害天穹。

阿布卡赫赫将耶鲁哩九个头中五个头的双眼取下，使她变成了瞎子，最怕光明和篝火。只要燃起篝火，点起冰灯，照亮暗隅，九头鸟便不敢危害世间了。从此，才在世间留下了夜点冰灯，拜祭篝火的古习。阿布卡赫赫从此才成为一位永远不死、不可战胜的穹宇母神，维佑天地，传袭百世。

第三章　人类初年的满洲族源

鄂霍次克海（东海）——女真生命的摇篮

　　古代的满洲先民，汉字史书称为肃慎、苏顺、诸申，实皆为女真人，其生命之母体，诞生于鄂霍次克海（东海）。

　　东海野人女真先民萨满传承着满洲先民的族源：

　　银色的苦寒世纪，如星明的寒岩，照射天穹阔宇。一天，东天突然响起滚滚的雷鸣。雷声里，一只金色的巨鹰，从天而唳。鹰爪紧抱着一颗白如明镜的"乌莫罕"（鸟蛋）。巨鹰在冰川上盘旋数周，将白卵"乌莫罕"抛地，顿时耀眼的光芒闪聚。这光芒迅即将雪岩融化为一汪清水。水声汩汩，喷起堆堆的水泡银珠。水泡中跃起火燕一只，红嘴红羽，在冰川中穿梭不息。寒凝冻野，冰枪雪箭，威压火燕。火燕被清泉荡涤，毛羽净消，化为一位鱼首裸体的美女，鱼面美女随冰水

滚动,灼热身躯使冰河越融越宽,幻成万道耀眼的霞光,覆盖冰野之巅。照化冰山、冰河、冰岩、冰滩。寒苦的北方,从此凝生一条狭长无垠的狂涛。她是裸体鱼面人身神女,疲累中,头仰北方,足踏南海,在陆地上化成了一条橄榄形奔腾的海洋——东海。

在美丽的东海岸堪扎阿林、恩切布库阿林(位于勘察加半岛)诞生了东海野人女真:古老的神歌传颂着:他们是宇宙间一群奇特的同类;他们是主宰万牲的同类;他们是驱役万界的同类;他们是控管百界的同类;他们是繁生时代的同类;阿布卡赫赫赋予他们一个圣洁的名字——人类。

第一节　女真人生命源流

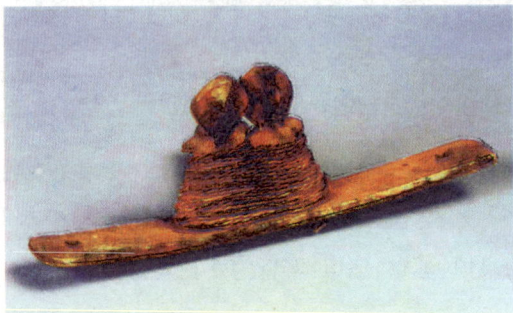

东海女真人的船神偶

阿布卡赫赫、卧勒多赫赫、巴那姆赫赫合力造人、造兽,美丽的东海有了人,最早的人称为"比干尼雅玛"。比干尼雅玛为满语,汉译为野人。这就是后世东海女真亦称为野人女真的缘故。这些人亦是史称的"生女真"。

野人女真的生命如何繁衍传递?
《女真萨满神话》说:

人类初始,野兽铺天盖地,洞里跑的、天上飞的、土里钻的、水里游的,到处都是。人们只能躲在洞穴里。

有了野兽,有了人,大地上有了生机和活力。野兽在森林里交媾,鸟儿又在枝头配对,水中的鱼,洒下满水泡子白糊糊的精虫。依兰恩都哩赫赫(三女神)造出来的赫赫比男人多，群居的赫赫们没有交配的方法，她们就成群结队地到森林里，学着野兽的样子和野兽交配。寒冷的冬季结束，地上万木发芽，百花孕蕾，野兽公追母逐，嗷嗷叫唤，比合合多的赫赫们寻找着合合。夜复夜、日复日，一个又一个的合合因筋疲力尽而绝命，天下的合合越来越少。赫赫们只好既与人又与兽交媾。

这样下去怎么得了？阿布卡赫赫叫来女萨满，赐给她一面阳光与月光铸就的"合欢镜"，再赐给一瓶云里收雾里采集的"逊（满语：太阳）火精"。命她下到人间去拯救人类。女萨满来到人间，东奔西跑，日夜操劳，将"逊火精"赐给合合吞服，把合合分配给群女定居，再把"合欢镜"里的交配方法传授，让合合和赫赫按照新的合欢方式交媾。吞吃"逊火精"的合合们身体强壮，性欲旺盛，以新的合欢方式与群女轮番交媾，赫赫们不再与野兽交媾。合合们播下精种在赫赫肚子里生根发芽，生下的哈哈珠子多过萨尔甘追。

海洋浩瀚，人类各肤色人种生命来自何处？
《乌布西奔妈妈》说：

在百崖的顶端，三只神蝠扇舞着石上一朵白莲，莲花绽芯怒放，翠枝轻盈挺拔，这是圣母拓宇的符号。

莲瓣九杈是神羽所化：

一只方身似的莲瓣位于东方，化成红毛身形的部落；

二只长形方身似的莲瓣位于南方，化成白毛身形的部落；

三只圆形方身似的莲瓣位于西方，化成黄毛身形的部落；

四只椭圆形方身似的莲瓣位于北方，化成蓝毛身形的部落；

五只矩形方身似的莲瓣位于东北，化成矮人部落；

六只蛇形方身似的莲瓣位于东南，化成长足人部落；

七只波纹方身似的莲瓣位于西南，化成独眼人部落；

八只鳞形方身似的莲瓣位于西北，化成跳鼠人部落；

九只柳叶形方身似的莲心位于天宇之中央，化成生育万物之阴。

阔宇海疆，无边山岭，

枝莽岩滩,古洞海涛,

还有天上飞旋的众禽,地上奔驶的诸兽,

穴中游蠕的百虫,溪涧穿梭的鱼虾。

苍苍隅隅,天茫海阔,

一切生命赋予无尽的将身之源,

一切心孕饱含不尽的再生之本。

日出日落,星升月陨,气漫峰蒸。

东海,妈妈的海;东海,丰饶的海;

东海,生命的海;东海,不息的海。

第二节　女真始母神崇拜

　　远古,东海被原始满洲部落先民称为"妈妈窝"。先民们将翱翔在东海岸的鹰、雕称为"鹔鹴(女真的原始读音)",敬崇其为始母神,期盼着在渔猎生涯中像虎头海雕、白尾海雕和金雕那样,在西伯利亚、萨哈连乌拉、鄂霍次克海、白令海、北太平洋间,逐水草而迁徙,渔猎而求生存。因此,鹰便成为其部落的原始初称——肃慎(鹔鹴、苏顺、女真)。

　　岁月漫漫,氏族分和,鹰始母神崇拜顽强地由氏族萨满世代口传而完整传承。在人类社会进入21世纪时,由吉林人民出版社出版的《满族口头遗产传统说部丛书》列入首批国家级非物质文化遗产名录而正式出版发行。曾经的口语传承经过整理转化成为文字。传世的满族创世史诗,传承满族族源及原始部落的历史、满族先氏族承替与族群迁徙的路线图得以清晰地还原。

　　第一阶段:始母神诞生。

　　海域:鄂霍次克海(亦称通古斯海)。鄂霍次克海东为堪察加半岛,东南为千岛群岛,南为北海道岛,西、北为西伯利亚,西南为库页岛。在鞑靼海峡与拉彼鲁兹海峡(宗谷海峡)与日本海相连。

　　山脉:勘察加阿林。恩切布库阿林。

江河流域：坦布尔毕拉、色尔丹毕拉、希尔丹毕拉。

始母神：恩切布库（神鹰化身）。

原始部落名称：舒克都哩艾曼。

原始艾曼：夹昆（鹰）、塔斯哈（虎）、东海部、希普素、塔穆察、图尔塔啦、傲拉托欣、柏米纳、多林嘎、布察、吴扎等共72个艾曼。

海域：东海（鄂霍次克海）。东海是西北太平洋最大的边缘海，其东部的边界由北起为库页岛、日本列岛的北海道、本州和九州；西边的边界是欧亚大陆的俄罗斯；南部的边界是朝鲜半岛。

山脉：锡霍特阿林、舜吉雅峰、

北海道地区的鹰崇拜（摄影：冯台源）

浩如天河的萨哈连乌拉

流传满洲族源神歌的呼玛河

德烟阿林。

　　江河流域：乌布逊毕拉（乌苏里江源头）、舜吉雅毕拉、都鲁坎毕拉、依曼比拉。

　　始母神：乌布西奔赫赫（智慧神鹰女神）。

　　总部落：乌布林艾曼。厄伦：乌布逊、珠鲁罕、辉罕、彻沐肯、安查干、巴特恩图、黄獐子、棕熊、扶尼、窝尔浑、外海石窟等700毛尼雅（东海女真人）。

　　旗号：海东青（鹰）为最高升阶。具体分系为：(1)鼠、狐、狼、麋、豹、棕熊、鹰隼。(2)锦雉、海鸥、白雁、天鹅。(3)白鱼、鲨鱼、海蟒、海龟、长鲸与海鹰。

　　第二阶段：始母神与男神共存。

　　海域：东海岸，萨哈连乌拉出海口。

　　萨哈连乌拉亦称阿穆尔河。发源于蒙古肯特山南侧，在石喀勒河与额尔古纳河交汇处形成。其上游有两源：北源石勒喀河（上源鄂嫩河）出现蒙古国北部肯特山东麓；南源克鲁伦河—额尔古纳河，上源又分3支，其中一支海拉尔河发源于中国内蒙古自治区大兴安岭西侧古利牙山麓。南、北两源在漠河以西洛古河村汇合后始称黑龙江。蜿蜒东流沿途接纳结雅河、布列亚河、松花江、乌苏里江等大支

库页岛

流，最后在现俄罗斯境内注入鄂霍次克海。

江河流域：萨哈连乌拉、乌苏里乌拉、松阿里乌拉。

始母神：呼鲁昆（雪鹰）。

总部落：此时部落称为衣伦，由呼鲁昆（雪鹰）始母神与其诞育的二女莎玛特巴赫双胞胎姐妹和一子分别成为依云赫赫（满族母系女神）衣温贝涉（满族父系祖神）。

因满洲八旗将士驻守的哨所而得名"卡伦山"

山脉：兴根里阿林（兴安岭）、布库里阿林。

原始部落：妥勒痕、乌索木、托霍络、嘎钮古伦、格杜尔钦、班达尔查、吉敏乌尖、其卡尔、布尔堪、达胡都里、巴布其泰、小嘎吉等。历经漫长发展由近50个扩展至1000多个大小不等的氏族和部落。

海域：东海岸，萨哈连乌拉出海口。

山脉：萨克达比干衣窝集（大兴安岭野林子）、库页岛。

萨满女神：查彦安班赫赫、查彦吉赫赫、查彦依兰赫赫。

萨满男神：西林安班玛发（从东海来的男神）乌云瞒爷，他从东海诞生，几百只海鹰伴随着他来到人间。

部落：赫舍里、钮牯禄、尼玛察、查彦都鲁、莎吉巴那、阿其哈拉、温卡尔哈拉、东海窝集部、虎尔哈等约1000多个氏族。

在后来的人类社会历史进程中，满族萨满口传的族源历史由汉字记录在《竹书纪年》上卷，正如前文由汉史家将"鹔鹴"汉译为"息慎（即肃慎）"的满族先民部族称号之记录。其后史记记录的民间以汉语音译的有主要部落为勿吉（olgi，东海窝集部）、挹娄（yiluen）、靺鞨（mojie）、女真（nvzhan）、满洲（manju）等部，这些部落名称，与史书中出现的"肃慎""汝真""女真""诸申""苏顺"等众多名词，都是满洲先民"鹔鹴"古代女真语读音到满语读音的延续和嬗变。也与女真先民以动物、山、河等来命名姓氏和氏族名称的民俗相契合。

第三节　氏族承替示意图

古时有呼鲁昆（鹰）生子、兄妹三，名妥勒痕（妥勒痕为古代猫科动物一种）。生莎玛特巴赫双胞胎姐妹：

特巴赫妈妈（奶奶）奥云（双胞女祖）
以妈妈为本位血亲氏族，即"夫特赫"（根）、射任（源）妈妈

依伦妈妈奥云
渔猎、人口日众、设穴室、有依伦罕、依伦达

依伦　　依伦　　依伦　　依伦
（野火灭绝）（疫病灭绝）

依伦　　依伦

依伦　　依伦

依伦　　依伦　　依伦　　依伦　　依伦
（逃散）（争战亡）（逃散）（疫病绝）

依伦

依伦　　依伦　　依伦　　依伦
（北去）（北去）（北去）

依伦　　依伦　　依伦
（洪水灭绝逃散）（天花灭绝）

依伦

依伦　　依伦

穆昆　　穆伦　　穆昆　　穆昆　　依伦　　穆昆　　穆昆
（北迁）（南迁）（失散）（战乱亡）（战乱逃）

（掠外部人宗）穆昆 穆昆（穆昆）穆昆　　穆昆 穆昆（掠外部来伏人宗）
　　　　　　　（失散）

穆昆

穆昆 穆昆　　穆昆　　穆昆穆昆 穆昆穆昆 穆昆 穆昆 穆昆（北迁）

穆昆穆昆穆昆穆昆穆昆穆昆穆昆穆昆穆昆穆昆穆昆穆昆穆昆穆昆穆昆穆昆穆昆穆昆穆昆

收集、制表：富育光

第四节　女真氏族源流神歌

满族萨满剪纸·东海渔歌

作者·关云德

　　古代满族先民没有文字,部落历史全靠萨满口口相传,一首世居黑龙江满洲乌扎喇氏传承的萨满神歌,记录了满洲先民古老的族源及社会生活史:

　　夫勒赫,夫勒赫(根),一棵树上的根须。

　　吉哩赫,吉哩赫(鹿角),一个角上的枝杈。

　　特巴赫,特巴赫(胞胎),一个胎胞的儿女。

　　诺诺赫,诺诺赫,萨哈连鱼卧砬子(黑龙江呼玛)。

　　乌扎喇开世祖乡。

　　庹声申号,岩图明帜,

　　荒古无号,焉可兴疆。

　　五世女祖,以鱼为姓。

　　革布(名字)、吴查[乌(吴)扎喇氏]永世勿忘。

　　穿地穴眠,獾袍鱼裳,

　　长冬猎射,短夏围鱼,

　　子孙衍衍,福寿绵长。

第五节　狩猎捕鱼祭祀神歌

满族萨满剪纸·狩猎女神

作者：关云德

　　斑达赫赫，您骑风驾雪行走于天空，撒一把飞雪，禽兽结队成群；吹一口旋风，众兽生灵遍地。您有三个魂灵：洞穴之魂，飞翔之魂，水泽之魂。请听我们的祈求，求您降下福运给阿布卡赫赫的后代，驱赶山岭的野猪，佑护我们出猎丰收！

　　——萨满祭祀猎神神歌

　　顶着烟儿泡，我们乘坐五狗托拉乞（雪橇），去过依兰哈拉（现黑龙江依兰县）。七条狗拖着威虎（船），逆水拉着纤绳，我们采到了雅格达（野果）。在深山老林里，和山中的野兽搏斗，猎犬是我们得力助手。在密林里驻营，在篝火旁打小宿，猎犬是我们忠诚的

清《皇清职贡图》中女真先民画像

朋友。鱼皮部人和猎犬,世世代代形影不离,朝夕相伴;鱼皮部人和猎犬,狩猎捕鱼的故事,辈辈相传……

——女真鱼皮部狩猎乌春(民歌)

第六节　女真先民长白山崇拜

长白山天池　摄影　冯台源

　　长白山有广义和狭义之分,一般多指狭义的长白山,即长白山脉的主峰。广义的长白山指整个长白山脉,即东北地区东部山地的总称。长白山北起完达山脉北麓,南延千山山脉老铁山,西列为吉林省境内大黑山和向北延至黑龙江省境内的大青山;中列北起张广才岭,至吉林省境内分为两支:西支老爷岭、吉林哈达岭,东支威虎岭、龙岗山脉,向南伸延至千山山脉;东列完达山、老爷岭。长白山余脉连接大兴安岭东与小兴安岭北部。

　　长白山,满语为Golmin anggiyan Alin,汉译为果勒敏珊延阿林,是女真族先

民在人类狩猎时代文化的发祥地和圣山。其火山爆发,天池形成。女真先民族源,由萨满世代传承。其文字记载最早见于中国4000多年前,《山海经》称"不咸山",北魏称"徒太山",唐称"太白山",金始称"长白山"。清朝时视之为神山,皇帝须亲自或委派大臣到吉林乌拉(今吉林市)望祭长白山。至20世纪60年代,长白山划割给朝鲜一半,从此,长白山成为中朝两国界山。

很早的时候,果勒敏珊延阿林(长白山)还没有人烟。

也不知道是哪一天,一个虎背熊腰的小阿哥出现在蓝瓦瓦的天池边,他在天池抓鱼、吃鱼肉、穿鱼皮,伴着满山满岭的森林和狼虫虎豹,一个人过着孤单的日子。

有一天早晨,蓝蓝的天空里出现一大片彩云,从云彩里飞下三个萨尔甘追(少女),腾云驾雾地落在长白山,看到天池水湛蓝如镜,池边野花满坡,喜欢得不得了,再加上刚才路过逊(太阳)的时候,热得出了一身的汗,就都脱了羽衣兽皮裙,下到天池里游玩了起来。

正在水里抓鱼的小阿哥刚一出水,看到一个个雪白的萨尔甘追身子,正在水里穿上穿下,他吓得一激灵,我的额姆哎!打着哆嗦藏在了水里,半天也不敢动弹一下。三个萨尔甘追像洁白的芍药花,飘浮在蓝蓝的水面上,她们一会儿聚在一起,一会儿又游向四面八方。最小的萨尔甘追向小阿哥猫着的地方游过来,到了跟前,冷不丁地发现水里蹲着个赤身裸体的合合(男人),她吓得"哎呀!"一声惊叫,"你是谁? 敢偷看我们!"小阿哥从水里站起来,"我是来抓鱼的。"就再没敢吱声,低下头看着水里。那两个萨尔甘追一看有凡人,扑腾、扑腾地打起水幕,升起白云,飞回九层天上去了。

"你是哪个哈拉的,住在什么地方,家里都有谁啊?"萨尔甘追见小阿哥说话诚实,长得英俊,还挺害羞的,就红着脸儿先开口问他。

"我是安车骨哈拉的,住在果勒敏珊延阿林的窝集里,是吃百兽的奶长大的。小时候,我额姆照他斯哈(虎)的样子,在我的头上画了三道杠,人们就都叫我完颜。现在,就剩我一个人了。那你叫啥,你的家在哪住?"

"我叫女真,家住白云山。哎,小阿哥,我再问你,你是咋到这来的?"

"我从小爱抓鱼儿,有一次我在一个泡子里抓鱼,忽然下起了大雨,只听'咕嘟'一声,一个昂邦木克耶鲁哩(大水怪)从天上掉进水泡子里,它像鱼不是鱼,肚底下还长着腿。它咕嘟着厚嘴唇叽叽叭叭地大口喝水，好家伙，那个能喝劲儿，不一会，就要把泡子里的水喝干了，天上的雨也停了，原来，那天上下的不是雨，是它带来的水。看它瞪着圆咕隆咚的眼珠子，可怜巴巴地瞧着我。我就问它，'是要水啊？'怪了，它能听懂我的话，向着我点了点头。"

"那你怎么办呢？"女真问。

"我赶忙用手扒土，扒呀，扒呀，扒得十个手指的指甲都掉了，直淌血。好不容易把附近的一个大水泡子给挖通了，那清亮亮的水哗哗地往这里流，不大一会儿，这个水泡子里的水也满了，那个大水怪向我点了三下头，眼睛里还发出亮光。它一点头，这水泡子里就翻起了波浪，还没等我回过神来，它翻了个身，哎呀，它卷起的水头子老高老高，直朝我的头顶上浇来，紧接着，就觉着有只大手把我抱起，升到了天空里，等我睁开眼睛，就到了这里！这地方一池清亮的水，真是要多美就有多美，池里还有又肥又大的鱼。再看，那大水怪早已落在池里，它游了几圈，在池子里划出大大的波纹，钻进深深的水里，从此就没有了踪影。我寻思这是个好地方，就在这住下了。哎，我跟你说这些干啥，你又不是我的萨尔甘（妻子）。这地是我先到的，你不言声地就来了，我没说你，你倒还说我偷看你，太埋汰（冤枉）我了。"

听小阿哥说到这，女真笑了，她看小阿哥那委屈的样子，心里也真是稀罕，就爽快地说："这么的，那我就给你做萨尔甘吧，咱俩一起抓鱼，吃了饭，你就是我的爱根（丈夫）了。"

打这起，两人住在紫霞峰下，每天在天池里抓鱼，你恩我爱地过日子。可是，突然有一天，地下飞出石头，燃起火，发出的声音像打雷，红色的石块飞腾，水泡子里就像开了锅似的，很快就要漫到他们住着的山洞了。就在这时，大水怪从水泡子里伸出两只巨爪，托着他俩，轰地一声，把天池撞了一个大豁口，天池水从豁口里（天池阀门）飞流而下，成了松阿里乌拉（松花江），江水带着他们俩直往黑油油的土地和连绵的崇山峻岭飘去。

小阿哥和女真被大水冲到了一个大窝集（森林）边上，两人就落脚在这打鱼、狩猎，生了一群的小哈哈珠子（孩子）。后来，一代、一代又一代不知过去多少年，就有了许多的穆昆（氏族），有了许多的布特哈涅勒玛（打猎捕鱼的人）。

第七节　东海窝集国(部)属地

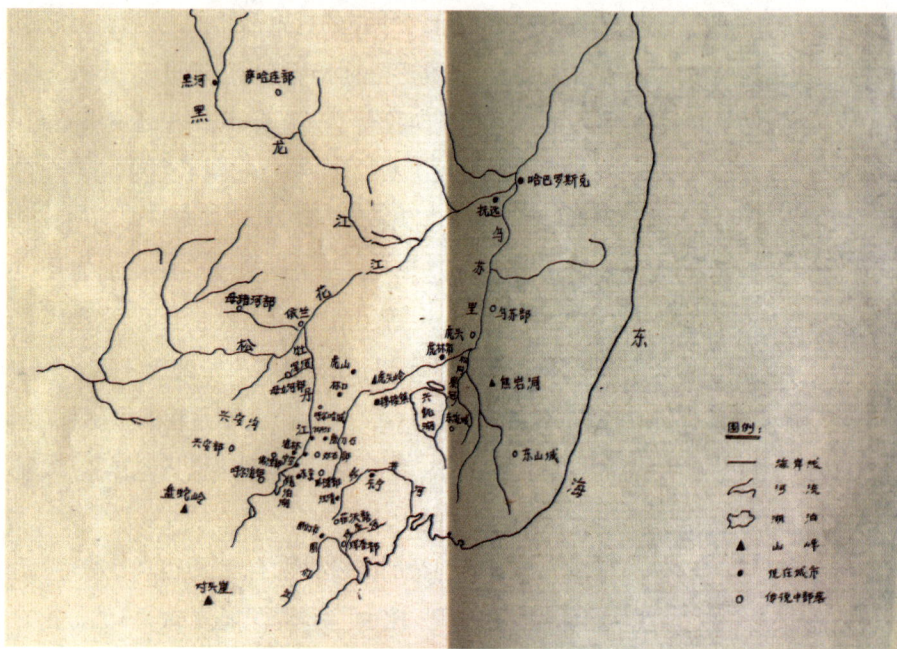

东海窝集国(部)属地示意图

　　东海窝集部是满族先民原始部落"鹈鹕(海青)"发展、融合、壮大而成的部落之一。其地理位置在今乌苏里江以东、濒临东海(现日本海)的地方,据《满洲源流考》载:其地"负山襟海,地大物博,又风气朴淳"。《后汉书》《晋书》等称其域"东极大海,广袤数千里"。我国史书中所言"窝集""乌稽""窝稽"等均系指这片土地。"窝稽"为女真语、满语,汉意密林之意。

　　据黑龙江流域大萨满世家传人萨满傅英仁传承,满族古代最大的部落为东海窝集国(部)辖领佛涅部、穆伦部、珲春部、虎尔哈部、卧楞部、东山部、菲沃部、乌苏部等16部。属地南到图门江,东到东海,北到外兴安岭。东海城在今兴凯湖西南。另有萨哈连部,即黑水靺鞨16部。但由于满族部落历史均由氏族萨满口口相传，许多部落并未有历史文字记录。所以，至隋唐时见于史记的有8个部落：思慕部，郡利部，莫曳皆部，窟说部，佛涅部，越喜部，虞娄部，铁利部。

第八节　女真虎尔哈部传承的满洲族源

《旧满洲档》天聪九年（1635年）载：五月初六日，（霸奇兰、萨木什喀）率兵向萨哈连乌拉（今黑龙江）往征虎尔哈部。之众大臣与携来所降诸头目人等觐汗行礼。此次军中携来所降之名为穆克什喀者，告云：我之父若祖，世代生活在布库哩山麓和布勒和理湖一带。我等地方无档册，从前的生活情形全凭口头传说相传下来。在布勒和理湖内，有三姐妹恩古伦、正古伦、佛库伦来浴，一神鹊送来一朱果，为幼女佛库伦所得，衔于口内，吞之成孕，生布库哩雍顺。其同族即满洲是也。这三姐妹的名字并非虚构，以女真古语、满语传承，恩古伦（恩为恩切布库，是满洲最原始头辈达妈妈女罕，古论满语国之意），正古伦（正，原始，寓意为东海最大原始部落——东海窝集国），佛库伦（佛，满语意为老，库伦为部落，为东北亚各原始部落妈妈达的化身），以上三姐妹之名即寓意满洲族源。

虎尔哈（汉意为大围网）为地名，在今黑龙江省黑河市对岸俄罗斯境内的精奇里江（亦称结雅河）流域，是满族直系先世氏族虎尔哈氏、伊尔根觉罗氏、巴雅拉氏、托霍络氏、瓜尔佳氏、舒穆禄氏、宁古塔氏、那木都鲁氏、乌扎喇氏、叶库哩氏、裕瑚鲁氏等氏族的世居地。虎尔哈部因汉译文字读音的差别，史记亦载为瑚

尔哈、胡里改、乌底改、火儿阿、兀狄哈、库尔喀、枯尔凯、乌德盖。族属隋周为肃慎，两汉为挹娄，南北朝为勿吉，唐为黑水靺鞨，辽、金为女真诸部之一部落属地为黑龙江下游乌扎喇以南，西北至黑龙江上游雅克萨一带以东，南至雅兰河、西林河、绥芬河以北。

第九节 "从最新考古成果看满族 先世的历史发展"

　　本文作者为张泰湘先贤。他是黑龙江考古研究所研究员，为黑龙江考古界卓有成就的学者。他在世时，长年累月与同仁们进行田野考古发掘工作，足迹遍布辽阔的白山黑水。先后主持发掘宁安县莺歌岭遗址、宁安县东康遗址、东宁县大城子遗址、东宁县团结遗址、绥滨县中兴金代城址及墓群、奥里米金代城址及墓群、克东县金代蒲峪路故城址等；依兰县永和、德丰清代墓群等；牡丹江流域莲花水库淹没区鹰嘴峰遗址等。独立或合作完成的主要著述有《黑龙江古代简史》《黑龙江古代简志》《北方古代民族文化史》《东北历史地理》《黑龙

张泰湘（左三）在辽宁、内蒙古地区考察

江纪行》《爱我中华·爱我龙江》等。他承吴兆骞、杨越、方拱乾、张缙彦等清代汉族知识分子的博大胸怀,为满族留下了翔实宝贵的民族文化史料,为满族后裔留下了弥足珍贵、传之千秋万代的精神财富。本章敬录原载于《满族研究》上此文的一部分,以此献上满族后裔对张泰湘先贤深情的怀念!

黑龙江流域自古就是三大民族的发祥地,即阿尔泰语系的通古斯满语族、蒙古语族、古亚洲语族。他们分别是今日满族(包括今日赫哲、鄂伦春、鄂温克、俄国境内的乌第改、恰喀拉等)、蒙古族(包括今日蒙古、达斡尔、锡伯等)、朝鲜族的祖先。边疆各民族对我国统一国家的形成都作出过积极贡献。黑龙江流域各民族也不例外,他们在我国悠久历史长河中建立过北魏、渤海、辽、金、元、清等中央政权和地方政权,尤其清王朝统治中国近300年,清康、雍、乾三代奠定今日我国版图,维护祖国统一,为封建社会经济的发展都作出了积极贡献。

满族是黑龙江土生土长的原始居民,马克思1857年说过,"黑龙江两岸的地方,是当今中国统治民族的故乡"。这是一个十分精辟的论断。从最新考古成果看,早在旧石器时代早期,黑龙江流域就有了人类活动。这就是1996年发掘的阿城市交界镇洞穴遗址,在洞穴中发现动物化石80余件,石制品数件。1997年1月对其中的梅氏犀牙齿化石进行铀系法年代的测定,为距今17.5万年±2.2万年—1.8万年。1997年7—9月又对该遗址进行发掘,又出土哺乳类动物化石2000余件和石制品100余件,其中有刮削器、砍砸器、石棱石片等。交界镇旧石器时代早期遗址的发现,说明早在17万年以前黑龙江地区就有了人类活动。当然,当时人类尚未形成种族与民族,他们过着到处游荡的原始群居生活,人类共同打猎,共同分配,人类发展属于猿人的晚

张泰湘(右一)在黑龙江地区考察满族文化

期阶段。

旧石器时代晚期是人类发展的一个重要阶段,远古人类由原始群居时代过渡到了早期母系社会,种族已经形成,黑龙江流域人类活动也频繁起来。目前在黑龙江省已发现哈尔滨阎家岗、顾乡屯、黄山,五常学田,讷河市清河屯,昂昂溪大兴屯,塔河十八站,呼玛县老卡,加格达奇的大紫杨山等遗址。旧石器时代晚期遗址最有代表性的是哈

哈尔滨西郊阎家岗遗址

尔滨市西郊阎家岗遗址,据对动物骨骼化石做C14测定,年代为距今2.2万年—4.1万年。1982年对该遗址进行了发掘,出土了属于更新世晚期猛犸象披毛犀动物群化石33种,2500余件,石制品9件,若干骨器、烧骨、炭屑和动物粪便化石。发现了两个古营地遗址,是我国发现的最古老的建筑遗址之一。两个营地相距约40米,分别由500和300多块兽骨垒砌而成。残存的半圆形墙基朝南或东开口,墙高0.5—0.8米,宽0.61米,外径57米。上面原蒙有兽皮,做为遮风挡雨之用,类似的遗迹在沙皇俄国时期的西伯利亚发现过。

距今一万年左右,人类历史进入新石器时代。随着地球上气温升高,江河湖海水位上涨,大地温暖湿润,森林茂盛,动植物种类繁多。在这种大环境下,人类发明了陶器、磨制石器,产生了原始的农业和畜牧业,族群开始定居,进入繁荣的母系氏族社会,有着共同生活区域、共同语言和生活习俗的民族逐步形成:黄河流域孕育了辉煌灿烂的华夏文明,以后成为汉民族的构成主体;长江流域出现了丰富多彩的吴越、荆楚和巴蜀文化;黑龙江、松花江、乌苏里江流域广袤无际的原野是满族先世古老文明的发祥地。

第四章　源远流长的满族历史

Da gasan I xayan tugi,genggiyen abka de dekdeheibi.

茫茫林海,是祖先生长的摇篮。

Bur bar hailan mederi,mafari banjiha duri.

清清的河水,好像母亲乳汁一样甘甜。

Bolgo genggiyen birai muke , emei huhun sun I adali.

黑水白山,是祖先生活的地方。

Xayan alin sahaliyan ula, mafari banjiha ba na.

这里是美丽的故乡。

Uba oci saikan da gaxan.

我们思念的故乡。

Musei kidure da gaxan.

——佚名

黑龙江与布库里山　摄影：尼阳尼雅·那丹珠（白玉芳）

长白山

图为中华世纪坛的满族、鄂温克族、鄂伦春族、达斡尔族、赫哲族、锡伯族族徽

在我们伟大祖国的东北方，巍巍的长白山像一道屏障耸立于东南，东西向的内、外兴安岭护墙般地环抱于北。其间，群山起伏，古树参天，给人以狩猎之惠；黑龙江和松花江等江河湖泽，纵横交错，星罗棋布，给人以捕鱼、灌溉之利；平原河谷的肥土沃壤，给人以衣食之源。这美丽富饶的土地，就是史书上称之"白山黑水"的我国古代东北地区。从很早的古代起，我们中华民族祖先的一部分，就劳动、生息、繁衍在这块土地上。

肃慎族是生活在这块土地上最早见于古书记载的居民之一。秦以后，它以挹娄族称活动于历史舞台。随着历史篇章一页一页地翻过，它又有勿吉、靺鞨、女真等名号。明末以后，逐渐形成了满洲、鄂温克、鄂伦春和赫哲等族。

肃慎族系在中华民族发展史上，起过巨大作用，占有重要的地位。先秦时期，肃慎以"楛矢石砮"闻名于中原。唐代，靺鞨的一支粟末靺鞨在东北地区建立了有"海东盛国"之称的渤海政权。宋朝，女真人统一了北方各族，创建了占据半个中国的金王朝，与南宋朝廷分掌中国统治权。以满族为主体建立的我国最后一个封建朝廷清王朝，统治中国长达260多年，我国今天的版图大体就是清代的疆域。现代，满族中涌现了不少名人、学者和革命家。所有这些说明，肃慎族系对开发我国东北地区，缔造祖国，创造中华民族灿烂文化，都作出了重要的贡献。

——引自《肃慎挹娄合考》 杨保隆著

萨满·萨满

第一节　满族世系史记表

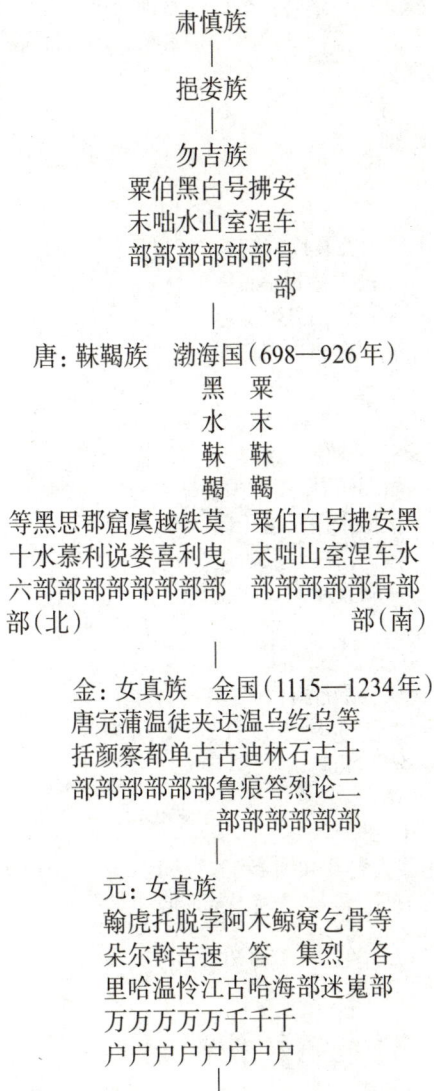

```
            肃慎族
             |
            挹娄族
             |
            勿吉族
     粟伯黑白号拂安
     末咄水山室涅车
     部部部部部部骨
             部
             |
  唐：靺鞨族　渤海国（698—926年）
         黑　粟
         水　末
         靺　靺
         鞨　鞨
  等黑思郡窟虞越铁莫　粟伯白号拂安黑
  十水慕利说娄喜利曳　末咄山室涅车水
  六部部部部部部部部　部部部部部骨部
  部（北）　　　　　　　　　　　部（南）
             |
  金：女真族　金国（1115—1234年）
  唐完蒲温徒夹达温乌纥乌等
  括颜察都单古古迪林石古十
  部部部部部部鲁痕答烈论二
         　　　　部部部部部部
             |
  元：女真族
  翰虎托脱孛阿木鲸窝乞骨等
  朵尔斡苦速　答　集烈　各
  里哈温怜江古哈海部迷嵬部
  万万万万万千千千
  户户户户户户户户
             |
```

_____

注：12世纪金完颜粘罕后裔陆续南迁至福建晋江，山东莱阳，甘肃泾川，台湾鹿港、彰化、台北、高雄、台南、台中等地。

明：女真族

建州女真
完颜部 栋鄂部 哲陈部 纳殷部 浑河部 珠舍里部 鸭绿江部 苏克素护河部

海西女真
哈达部 辉发部 乌拉部 叶赫部

东海女真
虎尔哈部 库雅喇部 萨哈连部 窝集部 瓦尔喀部 使犬部 使鹿部 东海窝集部 索伦部

后金：女真族（1616—1634年）
正黄旗 镶黄旗 正白旗 镶白旗 正红旗 镶红旗 正蓝旗 镶蓝旗

清：满洲族（1635—1912年）
京八旗、驻防八旗全国各地共九十余处
正黄旗 镶黄旗 正白旗 镶白旗 正红旗 镶红旗 正蓝旗 镶蓝旗

民国：满洲族（1912—1949年）
聚居：辽宁、吉林、黑龙江、河北、北京
散居：全国各地。

中华人民共和国：满族（1949—）
聚居：辽宁、吉林、黑龙江、河北、北京
散居：全国各地。

（排序、制表：白玉芳　侯国华　侯超斌　孙　燕）

072

第二节 肃 慎

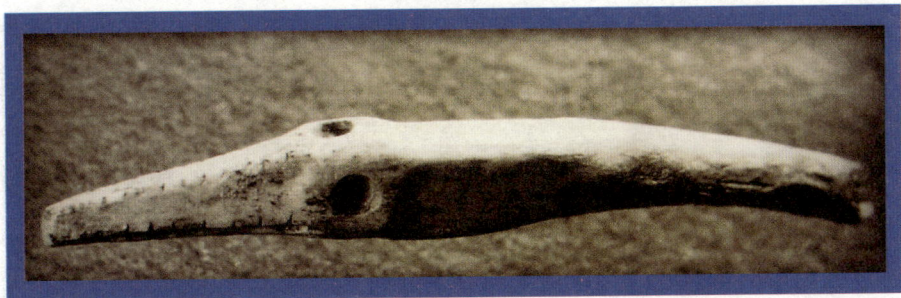

黑龙江省兴凯湖出土的满族先民萨满文物——骨雕鹰神偶

在古代,海东青以"鹔鹴"(能翱翔于九天的神鸟)亮世。肃慎人崇拜海东青,是东北亚地区最古老的土著民族。

《竹书纪年》载:帝舜二十五年,息(肃)慎来朝献弓矢。

《山海经》(战国时)载:大荒之中,有山曰不咸(今长白山),有肃慎氏之国。

1972年夏天,黑龙江生产建设兵团4师43团(今黑龙江省农垦局牡丹江分局兴凯湖农场),在兴凯湖北岸新开流兴修水利,开挖不久,发现这里有古文物。黑龙江省考古研究所接到报告后,立即前往进行考古发掘。这次考古,共挖掘墓葬32座,鱼窖10座。经测定,年代距今

兴凯湖新开流遗址

为6080±130年左右,属我国史前新石器时代。

在新开流出土的古文物,有最早人工驯养的鱼鹰骨骼、原始社会最早的图腾崇拜物、鹿角雕刻的鱼、萨满文化象征的陶塑人首像、最早的鱼鳞纹和水波纹艺术品、最早最大的鱼窖墓葬群等,全面系统地反映了古代肃慎人的渔猎劳动及艺术

雕刻、宗教信仰、民俗礼仪等文化遗存。这一考古成果证实了早在6000多年前,东北历史上两大土著民族之一的满族先民肃慎人在此渔猎生息。这一考古发现被命名为"新开流文明",与中原黄河流域的"仰韶文明"同属于新石器时代的文明。

由于满族先民没有文字,所以,东海窝集国(部)的社会生活情况史记寥寥,只有满族萨满在世传的说部和神歌中传承下来。据黑龙江流域满洲族大萨满传人富察·哈楞阿(傅英仁)传承,古代满族东海窝集国女罕(王)是爱坤沙德,她带领大格格爱坤巴哲、二格格沙德巴哲,在兴凯湖西南处建立东海城,统治黑龙江地区的东海窝集国16部。

一首流传在兴凯湖的肃慎乌春(民歌)记录了满洲先民的居住地:果勒敏珊延阿林(长白山)好似肃慎人的海东青,兴凯鄂模(湖)和虎尔哈海(镜泊湖)是肃慎人的眼睛,乌苏里乌拉(乌苏里江)是肃慎人的扎带,乌尔翰是肃慎人阿哥的飘翎。

一部由满族萨满传承的口头文学《兴凯里罕》,讲述了猎手兴凯里罕和珠琨格格的爱情故事。为了族众,他们俩与索伦罕斗智斗勇,最后双双投湖,被族人尊称为兴凯里罕,将水獭形神偶敬奉为珠琨。每年五月,各部落聚集在湖边,举行祭湖的萨满祭祀仪式。届时,人们在神树下供奉上猎来的飞禽野兽,升起篝火,点上火把,虔诚地祭奠兴凯里罕和珠琨,感谢他们给兴凯湖带来安宁和幸福。满族后世的踏露(五月节)即源于此。

兴凯湖畔的鹰骨雕塑与牡丹江莺歌岭考古发现交相辉映,共同展现了满洲先世的萨满文化。1963年,黑龙江省考古研究所对黑龙江省宁安市镜泊湖莺歌岭进行考古挖掘,出土文物陶猪神偶、陶罐、骨针、石斧、石刀、石镞等生活、生产用品。经碳14(C14)测定证实,莺歌岭遗址上层文化距今3029年左右。与之相印证的是在满洲氏族祭祀神歌里,常有祖先迁徙地名的颂唱,莺歌岭,就是其中的一个用词。

新开流遗址、莺歌岭遗址是黑龙江省重点文物保护单位。

笔者在镜泊湖莺歌岭遗址考察萨满文化

第三节　挹　　娄

　　挹娄为女真古语依伦读音，意为部落。挹娄是满族先民的族称，族群居住在今辽宁省东北部，吉林、黑龙江省以北，乌苏里江以东的广大地区。据《三国志·魏卷三十·东夷传》记载（译）：挹娄人有五谷、牛、马、麻布。挹娄的人很多很勇敢。有很多部落，各有酋长。住在山林之间，挖地为穴，地穴越深就越尊贵，最深的为九梯，以多为好。挹娄人俗好养猪、吃肉，用猪皮做衣服。东北冬天很冷，挹娄人以猪膏涂身，甚厚，以御风寒。

　　由于满族先民没有自己的文字，挹娄人历史没有太多的文字记载，许多往事沉寂在了历史的长河里。

　　1984年，黑龙江省文物管理部门在友谊县七星河畔发现面积为120多万平方米的古遗址。至今，文物考古工作者在1888平方公里范围内，发现距今1700—1800年以前的古城遗址154处，其中有古城址62处、古居住址92处，另有猛犸象等古生物化石遗物点6处。其中，有一处被列为省级文物保护单位，另有3处被列为国家级文物保护单位。在七星河对岸宝清县的炮台山还发现了祭星神坛遗址，这是满族先民古代萨满祭祀中祭星遗址的唯一幸存，是中国天文考古的重大发现。这两处遗址由考古界命名为滚兔岭凤林文化，并认定为满族先民挹娄人的

20世纪80年代凤林古城考古现场

21世纪满族文化学者在凤林古城田野调查

文化遗存。

2001年6月25日，凤林城址被国务院批准公布为第五批全国重点文物保护单位。

2002年，黑龙江考古研究所张泰湘先生结合考古发现，写下《从最新考古成果看满族先世的历史发展》一文，谈到了七星河流域的土著民族：在两千年前，三江平原及其丘陵地带人口已经比较稠密，凤林七城区中央方城内大型建筑的发现，说明早在汉晋时期，挹娄人就已经建立了早期文明古国的雏形。

自明代起，七星河流域居住着崇拜鸟图腾的部落。如满族纳喇氏、钮牯禄氏、瓜尔佳氏、赫哲族卢业勒氏等氏族。清代，这里被称为"巴尔古苏霍通"，满语意为"对面城"。

当年在这里居住的古老族群是什么时候离开的？

远古，满洲古老氏族的先民从前苏联境内的库页岛、精奇里江（结雅河）、锡霍特山、穆丹山、宁摄哩山、虎尔哈等地，越过黑龙江，一路往长白山、松花江流域；一路往穆丹（牡丹）江流域迁徙，居住地逐渐遍布东北境内。在满洲氏族亦中的纳喇、尼玛察等氏族中皆有因黑龙江洪水而抱祖宗匣子逃难吉林的记载，居住在这里的挹娄人是不是因为洪水而四处逃散，各奔东西？

隋唐时，曾出现黑水靺鞨虞娄部记载，这个"虞"字与"挹"的汉语读音相同。

明末清初，努尔哈赤以"七大恨"祭天建立大金，女真各部纷纷来归，皇太极亦多次往黑龙江用兵（满族民间喻为"罕王爷扫北"）。在这种情况下，满族许多古老部族再度继续向南迁徙。在《八旗满洲氏族通谱》中，许多黑龙江地方女真氏族的记载皆为清初来归。民间亦有许多满族家谱记载这一氏族迁徙历史。据此分析，居住在双鸭山一带的部族是否在明末清初陆续离开"巴尔古苏霍通"，留下坐落在七星河畔中游北岸的凤林古城址、南岸宝清县境内的炮台山城址、祭星圣坛而继续南迁。当然，也不排除因为洪水等自然灾害而迁徙。

凤林古城满洲先民去向的千古之谜留待后人评猜。这个神秘的氏族生命之命题与凤林古城、祭星圣坛，是满族萨满文化中的氏族源流、原始天象探索、古建筑、古人类原始崇拜的再现，向世界展示满族萨满文化所承载的古代人类智慧和社会文明。

第四节　勿　吉

黑龙江省尚志市乌吉密学校的孩子们在升国旗

《魏书·勿吉传》载：勿吉……旧肃慎也。

勿吉为女真语"窝集"之音转，为"森林"之意。亦有译写为窝集、乌吉、勿吉。现满语地名有以满族籍抗日英雄赵尚志名字命名的黑龙江省尚志市乌吉密镇、乌吉密乡、乌吉密学校、乌吉密滑雪场、铁路乌吉密站。河流有乌吉密河。

据黑龙江大萨满傅英仁的《满族萨满神话》传承，勿吉国第一代罕王是纳尔珲先楚，第二代罕王名为德风阿。国（部）名由东海窝集国（部）改名而来。德风阿建立了勿吉国，他死后被尊称为掌管东方天界的纳尔额真恩都哩，在后来的渤海国、金代、清代，每代皇帝在登基时，除了祭天以外，要祭祀他。勿吉国在历史上存在200多年，是东北地区最强大的部落。

史载勿吉有七部：（一）粟末部，（二）伯咄部，（三）安车骨部，（四）拂涅部，（五）室韦部，（六）黑水部，（七）白山部。其具体居住地为：粟末部在今吉林市；伯咄部在吉林市东北，今拉林河流域；安车骨部在今依兰县以东；拂涅部分

第四章　源远流长的满族历史

布在牡丹江下游以东今密山兴凯湖、穆陵河流域；室韦部在今绥芬河流域；黑水部在今黑龙江省同江市至伯力（今俄哈巴罗夫斯克）的黑龙江两岸；白山部在今吉林省敦化、延边一带。另有北黑水部的思慕部居于前苏联布列亚河（牛满江）和阿姆贡河（恒滚河）上游地区，郡利部分布在黑龙江入海口，窟说部在库页岛北部地区，莫曳皆部居库页岛东南部，虞娄部分布在兴凯湖以东至海（今日本海），越喜部在乌苏里江以东地区，铁利部居住在今依兰。

勿吉文化链上接挹娄，下延靺鞨。在东北辽宁、吉林、黑龙江考古中均发现有大量遗存。20世纪80年代，在今黑龙江省阿城市小岭镇西川村东面一座山上发现勿吉人居住遗址，方圆几百米的范围内，有数十个长宽约两三米的坑口，坑口依次排列，体现了《三国志·魏卷·三十·东夷传》记载的以多为好。这些地穴被城墙砬子从南西北三面环抱，纵然是再强烈的西北风，也只能从地穴的上空刮过。在这里，勿吉人度过了苦寒酷冷的冬天。

勿吉山的南面是阿什河，阿什河历史上又称阿勒楚喀河、按出虎水，为女真古语"黄金"的意思，是安车骨部的属地。古代时，勿吉人在河两岸的森林和草原上捕鱼打猎，繁衍生息，分化组合，逐渐强大起来。

阿什河畔美如画　女真后裔舞蹁跹（摄于阿城金源文化节）

第五节　靺　鞨

渤海国疆域图

　　靺鞨分为粟末靺鞨和黑水靺鞨，粟末靺鞨居长白山北麓（今吉林敦化）、黑龙江虎尔哈河（今牡丹江）流域。粟末靺鞨仍延续着勿吉族系的七部。黑水靺鞨部居靺鞨的最北面，在黑龙江下游两岸一带，分十六部。唐玄宗时，置黑水都督府，以其首领为都督。其余各部隶属于都督府，称为州，任命各部落首领为州刺史。

　　698年，粟末靺鞨首领大祚荣建立"震国"，开创了满通古斯语族登上中国封建社会历史之河。705年归附于唐王朝，713年册封为渤海郡王。满洲先民文化开始于中原文化

渤海国第一宫殿遗址

全面接触,并成为唐与日本等国外交的重要经转地。渤海全盛时期,其疆域北至黑龙江中下游两岸,鞑靼海峡沿岸及库页岛,东至日本海,西到吉林与内蒙古交界的白城、大安附近,南至朝鲜咸兴附近。设五京十五府,六十二州,一百三十余县。是当时东北地区幅员辽阔的强国,史称"海东盛国"。

926年,渤海国被契丹国所灭,传国十五世,历时229年。

在200多年的发展过程中,渤海国学习唐朝封建文明,全面仿唐制管理国家,揉进满族先民的聪明智慧和勤劳勇敢,从游牧经济逐渐向农耕经济迈进,创造了灿烂多姿的渤海文化,促进了东北边陲的开发,在中华民族社会历史的进程中,丰富了中华大统一的历史内涵。

第六节　女　真

金代全盛时期疆域图

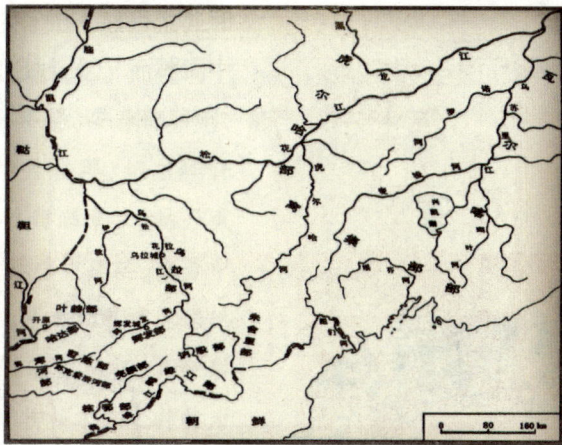
16世纪女真各部分布图

女真人世世代代居住、生活在黑龙江和松花江流域的广大地区。史载：白山黑水，种族繁矣。

金收国元年（1115年）正月初一，女真民族英雄完颜阿骨打称帝，建国号大金，定都会宁（今阿城市）。金于天会二年（1125年）灭辽，灭辽后，金朝第二代皇帝金太宗吴乞买即位，按照金太祖阿骨打"中外一统"的诏令为遗训，下令南征伐宋，并于天会五年（1127年）灭北宋。

金朝的疆域，东北到日本海、鄂霍茨克海及今俄罗斯库页岛，北到外兴安岭（今俄罗斯远东地区），西北到蒙古国，西以河套、陕西横山、甘肃东部和西夏交界，南到秦岭、淮河。金代共三个都城，黑龙江阿城市的上京会宁府是金朝第一个都城，史称金上都。贞元元年（1153年），海陵王迁都燕京（今北京）是为金朝第二个都城，史称金中都。金朝第八位皇帝宣宗于贞佑二年（1214年）迁都汴梁（今开封），为金代第三个都城。

1234年，金朝亡，存世119年。在这段历史进程中，女真人经过艰难奋斗和顽强拼搏，发展成为一个统一的民族。金王朝的建立，大大推动了女真社会历史的发展，在巩固祖国北部统一，发展北方社会的经济与文化，促进中华民族进一步形成等方面作出了重大的贡献，创造了一段金戈铁马、永垂史册的辉煌历史。

女真族群在明朝初期分为建州女真、海西女真、野人女真三大部。后又按地域分为建州、长白、东海、扈伦四大部。

第七节 满 洲

清太祖努尔哈赤　　　　　　　　清太宗皇太极

　　八旗制度是由女真民族英雄努尔哈赤创立。初建时设四旗：黄旗、白旗、红旗、蓝旗。1614年因"归服益广"将四旗改为正黄、正白、正红、正蓝，并增设镶黄、镶白、镶红、镶蓝四旗，合称八旗，天命元年（1616年）在辽宁新宾赫图阿拉城称汗，建国"大金"。

　　八旗的编制为牛录、甲喇、固山。牛录满语为大箭之意，为狩猎时的组织。甲喇为队，固山为旗之意。作为国家部队，八旗每旗分别设佐领、参领、都统负责管理。

　　天聪九年（1635年）农历十月十三日，皇太极在盛京大政殿举行国史实录告成仪式，昭告天下，改女真族名为满洲族，改大金为清。并创设"蒙古八旗"，正式完成"汉军八旗"建制，由努尔哈赤建立的八旗成为包含有满洲八旗、蒙古八旗、汉军八旗的民族共同体。

萨满·萨满

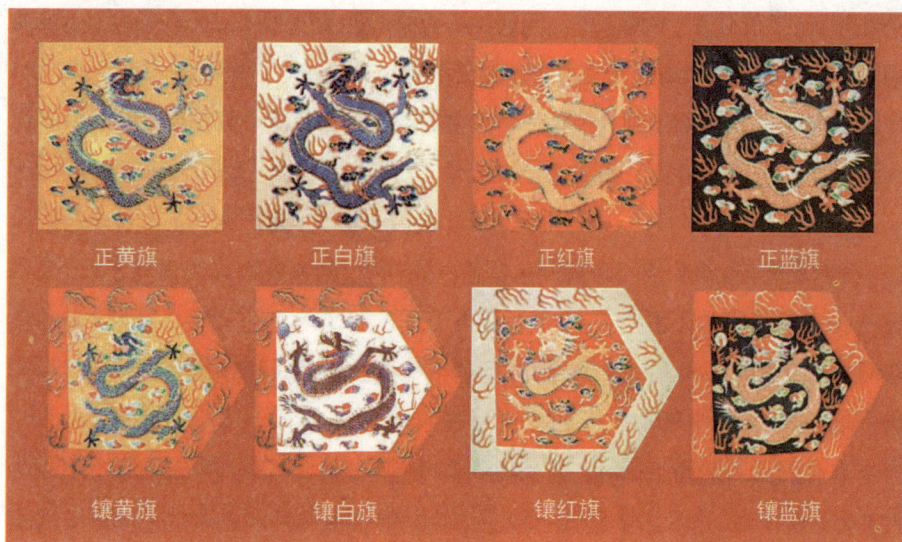

正黄旗　　　　正白旗　　　　正红旗　　　　正蓝旗

镶黄旗　　　　镶白旗　　　　镶红旗　　　　镶蓝旗

　　顺治元年（1644年），清王朝入主中原。入关以后，清政府以八旗制度为国家制度。采用"旗人不许做工，不许经商，唯服兵役"的国家军队政策管理国家军事、政治体制。在全国设立八旗驻防旗营部队90余处，其中以满洲、蒙古八旗部队为主体的有82处。时驻防京城的称为京八旗，驻防各地的称为驻防八旗。

　　清康雍乾三朝，八旗部队在平定准格尔、收复西部、收复台湾、平定廓尔喀等战役中，精忠报国，英勇战斗，开疆拓土，为建立多民族的、统一的封建王朝作出了贡献。学贯中西方文化的上海南洋公学监督辜鸿铭对八旗军人评价道：

　　满族人，作为中国唯一的军人阶层的后裔，具有豪迈的中国式英雄气概或品质，是因为他们的祖先是军人。尚武精神对高贵品质的发扬是高于一切的促进力量，因为作为一个真正的军人，自我牺牲是他永恒的理想，自我牺牲正是一切高贵品质的基础。满族在当权的时候替中国做了什么？满族人为我们所做的，是给了我们中国人一颗美丽的心灵，使我们能够生产许多美丽的东西。

　　清代康熙、雍正和乾隆时期，达到鼎盛之120年，史称"康雍乾盛世"，这个盛世比中国封建社会历史上西汉时的"文景之治"和唐代的"贞观之治"之总和还长一倍之多。

嘉庆、道光以后，清朝国体日渐衰落。1912年，清帝溥仪退位，清朝历国296年而退出历史。至此，中国封建社会历史结束。

中央电视台大型纪录片《清宫秘档》之第25集《八旗子弟》的解说词对清代八旗制度及八旗子弟作了客观的评说：

300年前，八旗子弟冲出那片狭窄的河谷平原，来到外面的广阔世界，为我国统一多民族国家的形成和发展作出了不可磨灭的贡献。到清朝鼎盛时期，当时疆域东自台湾及其所属钓鱼岛，西至巴尔喀什湖和葱岭，南起南海诸岛，北抵恰克图，东北到外兴安岭和库页岛。

在这片辽阔的土地上，除了隶属于满洲八旗、蒙古八旗、汉军八旗的"旗人"外，还有被称为"民人"的汉族等50多个民族的兄弟姐妹共同生活。这在中国几千年社会发展史上是绝无仅有的。为这一空前"大一统"盛世的实现，八旗子弟进行了长期、艰苦的奋斗。鸦片战争以后，在中国人民反抗帝国主义列强入侵的斗争中，众多八旗子弟也同仇敌忾，为国捐躯。

曾经的八旗军营太平鼓传统舞蹈风靡辽东大地

第八节　民国时期的满族

　　1912年,辛亥革命中一句"驱除鞑虏,恢复中华"的口号,使满族人民遭受到民族歧视,受到不公正待遇,各地驻防旗营大多毁于战火之中,满族蒙受了一场巨大的民族灾难。

　　北京密云旗营的遭遇就是一个例证。1777年,满蒙八旗官兵2000人组成京畿八旗驻防营驻防密云檀营。其中满洲八旗将士来自白山黑水。全盛时期,有满蒙人丁2000户,9000多人口,兵房4872间。

　　辛亥革命后,因为是旗人,在社会上就找不到工作,以至于许多旗人生活无着落。密云檀营卖儿卖女的有40多户,沦为乞丐的20多户、离乡出走的有1700多户,其中500多户回到了老家洮南府,有1200多户流落到全国各地。整个旗营只剩下280多户,800多人,500多间破旧的营房。著名人民艺术家老舍先生的《骆驼祥子》《月牙儿》《茶馆》等作品就是当时满族底层民众真实的生活写照。

清代密云县镶黄正白满洲蒙古协领关防

　　辛亥革命年间,民国政府宣判萨满教古老的世界观是历史错误,满族萨满祭祀被禁止。许多氏族祖传的祭祀物品被损坏、遗失,满族文化受到严重破坏。为得到最基本的生存条件,许多满族人被迫隐瞒了族属,将世代相传的家谱烧了,老姓也扔了,还不得不改报了族属。仅以上海为例,虽说有大批清代随八

旗营后裔杨金声介绍旗营历史

旗部队驻防杭州、南京一带的满洲八旗后代流落到沪谋生，但在解放初期（1951年）第一次少数民族人口统计时，竟无一人申报满族。而当时，全国的满族人口登记也仅仅只有8万人。

第九节　中华人民共和国的满族

1949年，中华人民共和国成立，"给予了满族充分发展的广阔天地，使满族在政治、经济、文化诸方面都得到了新的发展，进入到一个完全崭新的历史新时期。"（《中国满族通论》，辽宁民族出版社2005年版，第101页）

一、满族是中华人民共和国境内的少数民族

1952年12月7日，中共中央统战部发出关于满族是否是少数民族的意见书，明确指出，满族是中华人民共和国境内的一个少数

毛泽东为成都满蒙人民
学习委员会题词

民族。毛泽东说：满族是个了不起的民族，对中华民族作出过伟大的贡献。1957年，由中央少数民族慰问团提请成都市人民政府批准，同意自1721年来到四川驻防的满蒙八旗后裔成立满蒙人民学习委员会。毛泽东亲自为学习委员会题写贺词：中华人民共和国各民族团结起来！

1957年9月4日，周恩来在山东青岛召开的民族工作座谈会上说：满族建立的清朝政权，统治了中国近300年。清朝以前，不管是明、宋、唐、汉各朝代，都没有清朝那样统一。清朝起了统一的作用，另一件事就是繁荣了人口。

二、国务院批准成立满族自治县

中华人民共和国成立以后，满洲族分为满族、达斡尔族、鄂伦春族、鄂温克族、赫哲族。中央政府决定满族为中国境内的少数民族，满族，成为中华民族大家庭的成员。满族籍的人大代表、政协委员在各级政府参政议事，满族历史文化迎来新生。

1982年10月19日，时任中共中央政治局委员、书记处书记、全国人大常委会副委员长习仲勋，福建省委第一书记项南，新疆维吾尔自治区人大常委会主任铁木耳·达瓦买提，中央办公厅副主任高登榜访问朝鲜归国后到凤城县视察工作。在汤山城公社视察时，到社

习仲勋副委员长在凤城县考察

员家做客，看到大包干给农村和社员带来巨大变化，非常高兴。县委书记白万玺（满族），县委副书记吕需国（满族）、牟心海，县人大常委会副主任辛绍良（满族）陪同视察。白万玺汇报工作，并反映满族干部、群众要求成立满族自治县的愿望，习仲勋表示理解和赞同。在游览凤凰山时习仲勋指出："一定要保护好风景资源，为发展旅游业打下坚实基础。"（《中共凤城党史大事记》第142页）。

凤城满族自治县成立大会

　　1984年5月31日，第六届全国人民代表大会第二次会议通过中华人民共和国民族区域自治法，1985年1月17日，中华人民共和国下发［85］国函字9号文，批复辽宁省人民政府，设立岫岩、凤城、新宾满族自治县，5月17—21日，凤城满族自治县召开首届一次人民代表大会，选举产生自治县的权力机关。6月13日，凤城满族自治县成立庆祝大会在县城隆重召开。主席台上，标志着满族特点的红黄蓝白八面大旗迎风招展。巨幅横额和两侧楹联用满汉两种文字书写。横额是"庆祝凤城满族自治县成立大会"；楹联上联是"白山黑水看龙飞凤舞欢庆民族自治"，下联是"红日蓝天听莺歌燕语齐唱祖国繁荣"。主席台前矗立着两条金龙盘玉柱。会场上空飘动着56个彩色大气球，象征全国56个民族大团结。是日，中央、省、市领导和来宾700多人，各族群众3万多人身着节日盛装参加了大会。丹东市副市长刘文辉在会上宣读国务院关于设立凤城满族自治县批复。自治县第一任县长李运生代表凤城满族自治县致辞。全国人大民委、国家民委的代表，省、市政府的领导分别发表了热情洋溢的讲话。大会盛况向全县播放。25个乡镇设立了分会场，30万群众参加了庆祝活动。凤城镇10万多人在街道两旁观看了游行。晚间，县城和各乡镇所在地都举行了灯火晚会或文艺演出活动,各族人民沉浸在一片欢乐的海洋之中。

尔后,国务院先后批准在辽宁、河北、吉林成立了本溪、桓仁、宽甸、清原、北镇、青龙、丰宁、伊通等满族自治县。在全国各地设立了近400个满族乡,满族聚居地开办了满族中学、满族小学。九台市因有大量萨满文化遗存被国家民间文艺家协会批准为中国萨满文化之乡。福建省长乐市的琴江满族村被评为全国历史文化名村。满族文化课、满语、满文进入满族聚居地的幼儿园及各学校。网上满语QQ群、网站也应运而生。

三、满族文化蓬勃兴旺

改革开放以后,国家在北京、辽宁、黑龙江、吉林等地社会科学院及大学成立了满学研究中心。黑龙江大学满族语言文化研究中心是黑龙江省重点社科研究单位。各地政府民族部门批准成立了满族联谊会及满族文化学习的群众组织,如:辽宁沈阳、抚顺、吉林、哈尔滨、兰州等地有满族联谊会;广州、昆明等地有满族历史文化研究会;在上海市静安区政府民族工作部门的关心下,为满族女作家尼阳尼雅·那丹珠(白玉芳)成立了颁金文化工作室,开展了民族团结一家亲——少数民族同胞欢度颁金节、那达慕、纪念乍浦保卫战170周年、镇江保卫战

内蒙古自治区阿鲁科尔沁旗满族文化协会成立

满族文化节上的升国旗仪式

172和173周年英烈祭等文化和爱国主义活动。

满族文化事业也兴旺发达，正式出版的学术刊物有《满族研究》《满语研究》；民族文学刊物有辽宁省作协主办的《满族文学》；有国家文化部、吉林省委、省政府支持出版的满族文化遗产传统说部《天宫大战》《乌布西奔妈妈》等近30部作品。民族艺术有传统的八角鼓、满语歌。满族舞剧有《珍珠湖》《满风神韵》等多部。吉林松原市满族艺术剧院创作演出的新城戏多次获国家级戏剧奖项，并列入《中国大百科全书戏曲曲艺卷》《中国戏曲年鉴》和《中国戏曲曲艺辞典》。2010年，吉林白山市成立了满族歌舞团。2015年，内蒙古阿鲁科尔沁旗满族文化协会成立。

满族文学艺术是中华民族艺术之林中一颗璀璨的明珠。在历届全国少数民族文学骏马奖评比中，均有满族作家获奖，其中有上海满族同胞爱新觉罗·蔚然以《粮民——中国农村会消失吗》一书获得第十届少数民族文学创作骏马奖。2006年，国务院公布的第一批国家级非物质文化遗产名录中，满族的有满族说部、抚顺满族秧歌、丰宁满族剪纸、医巫闾山满族剪纸、岫岩玉雕等。被评为国家级非物质文化遗产传承人的有吉林九台关云德满族剪纸、吉林赵明哲的鹰猎、上海赵艳林的面塑、北京杨福喜的传统弓箭制作等项目。辽宁省境内的故宫、永陵、福陵、昭陵被评为世界文化遗产。颁金节成为全国各地满族同胞隆重的民族节日，其中新疆察布查尔锡伯族自治县的满族颁金节被列入新疆维吾尔自治区第一批自治区级非物质文化遗产名录。

在东北各地兴起的文化节中，由地方政府主办，含有满族文化内容的节日有阿城金源文化节、中国（抚顺）满族风情国际旅游节、中国丹东鸭绿江国际旅游节、中国沈阳国际旅游节、河北青龙祖山天女木兰文化节等。

萨满·萨满·ᠰᠠᠮᠠᠨ·ᠰᠠᠮᠠᠨ

四、台湾地区的满族文化

1954年春，蒋介石夫妇邀请溥心畬到士林官邸餐叙，询问满族在台湾的生活状况，并建议：当年在北京成立之"满族协会"已经散失多年，应该在台北复会，今天依宪法规定我们是"汉满蒙回藏"五族共和政体，希望满族协会能尽快复会以

闽台粘氏宗亲阿城祭祖省亲

符合宪法之精神。溥心畬先生当面允诺，事后便邀集一些满族名人说明和建议，大家一致赞同，仍公推溥心畬先生为会长继续领导，唐君武先生为秘书长襄助会务。

1983年，在台满族同胞出席了在台北举行的中华民族祭祖大典。1987年，台湾开禁后，在台满族同胞纷纷回大陆寻根祭祖，投资兴业，共同传承和弘扬满族文化。1988年，在台湾等地定居的金代开国名将完颜宗翰（女真名粘没喝）后人台湾粘氏宗亲会会长粘火营率团到闽寻根谒祖，拜祭祖墓。2000年6月，完颜宗翰第28代传人、台湾亿丰集团董事长粘铭率闽台寻根团重回阿城，寻根祭祖。至此，海峡两岸被隔断800年的女真后裔亲情再度相连；于清末民初往台湾福建琴江八旗水师营后裔，重回大陆地区寻根问祖，并捐资修建立琴江八旗烈士陵园、八旗军旅园、旗人街等，并在台北故宫查阅了许多珍贵的海防史料，充实了福建乃至国家海防史。与此同时，台湾地区的满族文化也成为台湾地区的文化元素，满语文、满族服饰也在文化项目纷纷亮相。

五、满族现有人口

满族现有人口1000余万人，主要分布在辽宁、吉林、黑龙江三省，其余分布在河北、内蒙古、宁夏、甘肃、新疆、山东、福建等省区，散居多在北京、天津、上海、呼和浩特、昆明、西安、成都、广州、开封、荆州、兰州、杭州、南京等大中城市。

第十节　满族自治县

　　1947年5月1日,我国成立了第一个省级的民族自治区——内蒙古自治区。1949年9月21日,北京召开了有多个少数民族代表参加的政治协商会议,正式确定我国实行民族区域自治制度。

　　1952年,《中华人民共和国区域自治实施纲要》规定:"各民族自治区机关教育和引导自治区内人民与全国各民族实行团结互助,爱护各民族友爱合作的大家庭——中华人民共和国。"我国先后建立了4个省级自治区,实行民族区域自治的民族达到44个。

　　1954年宪法将这一制度纳入其中,成为我国基本政治制度之一。

　　为了全面推进民族区域自治制度,1984年我国颁布实施《中华人民共和民族区域自治法》,经国务院批准,满族县在东北、河北地区先后成立。

　　2001年,国家修订颁布实施《中华人民共和国民族区域自治法》,充分反映和实现了宪法关于民族团结的各项规定精神,并且要求民族自治地方教育各民族干部和群众"共同维护国家的统一和各民族的团结"。目前,中国共有民族自治地方155个,其中包括5个自治区、30个自治州、119个自治县(自治旗)。民族自治地方面积占国土总面积的75%,实行区域自治的少数民族达到44个,自治地方的少数民族人口占全国少数民族人口的76%。此外,还建立了1500个民族乡,作为民族区域自治的补充形式。实行民族区域自治制度以来,我国少数民族地区经济文化迅速发展。在全国120个民族自治县里,原有满族自治县13个,其中北镇、凤城因改为县级市而撤销。其他的11个满族自治县分布在辽宁、吉林、河北境内。

一、辽宁省新宾满族自治县

　　新宾满族自治县成立于1985年6月7日,归抚顺市管辖。全县总人口30.7万人,有满、汉、朝鲜、回等多民族。满族人口占全县总人口的70%以上。新宾地方特产有林蛙、人参、鹿茸、香菇等。

新宾满族自治县成立

歌唱满族人民的幸福生活

新宾满族历史文化深厚。1583年，女真民族英雄、政治家、军事家努尔哈赤以先父遗甲"十三副"起兵，统一女真各部，创立八旗，开元"天命"，新宾成为大清王朝的发祥地。现赫图阿拉城、佛阿拉城（俗称老城）、永陵（世界文化遗产，俗称老陵）成为著名的满族历史文化旅游景区。2015年，新宾被评为全国文物先进县。

新宾山川秀丽，自然风景雄浑壮美，有和睦森林公园、猴石森林公园、古御路、二道沟神树等著名的满族文化旅游景区。2015年，在国家旅游局召开的全国乡村旅游提升推进会议上，新宾被评为首批中国乡村旅游模范村，新宾满族自治县老城冷姨农家院被评为中国乡村旅游模范户，岗山金润山庄等5家农家院业主被评为中国乡村旅游致富带头人，新宾木奇镇大房子村10家农户被评为中国乡村旅游金牌农家乐。新宾满族自治县成为全国乡村旅游发展的重点县域。

新宾满族民俗文化秀美多姿。八旗风艺术团的满族秧歌被评为国家非物质遗产传承项目，浑河情艺术团参加中央电视台于2007年举办的CCTV全国舞蹈大赛秧歌专场比赛，以极具东海蟒式神韵的秧歌舞蹈获得表演优秀奖。新宾满族剪纸被评为国家级非物质文化遗产项目。永陵镇被评为中国历史文化名镇。

二、辽宁省岫岩满族自治县

岫岩满族自治县成立于1985年6月11日。全县总人口50万，13个民族，其中满族占93%以上。

岫岩满族自治县成立大会

岫岩满族中学德智体教育全面发展

　　岫岩满族自治县建有建筑面积2000平方米的满族博物馆。设有《满族发展史展》《满族民俗展》《岫岩历史出土文物展》《满族博物馆首批认定收藏书画展》等展馆。岫岩满族刺绣、岫岩皮影戏、岫岩满族剪纸是国家级非物质文化遗产项目。满族农民画被文化部命名为"中国现代民间绘画画乡"。岫岩还是全国国家级"非遗"项目最多的县份，被国家文化部授予全国"非物质文化遗产保护工作先进集体"。岫岩民间剪纸、岫岩皮影分别入选联合国教科文组织"非遗"名录，成为世界级"非遗"项目。

　　岫岩满族中学是辽宁最大的少数民族学校，该校的满族语言、满族歌舞、满族体育运动在学校教程中进行，促进了学校的教育和学生德智体的发展，该校的升学率名列全县第一。还先后获得了"鞍山市名校、鞍山市绿色学校、鞍山市特色学校、鞍山市文明单位、鞍山市学校教育工作标兵单位、德育工作先进单位、鞍山市国防教育先进单位、鞍山市教育科研基地"等荣誉。

　　岫岩境内山川绵亘不绝，文物古迹星罗棋布，主要旅游景点有（清代奉天省）四大名山之一的药山；峰秀松奇、水清石怪的清凉山；水秀潭美、犹如明珠的龙潭湾；唐代石建筑卧鹿山效圣寺；高峡平湖圈背水库；七锅、七瀑垂直落差百余米的石湖瀑布等。

　　岫岩是举世闻名的玉石产地。2006年12月28日，国土资源部和中国矿业联合会正式命名岫岩满族自治县为"中国玉都"。县内有玉都、荷花玉器交易市场，东北玉器交易中心，哈达碑玉器一条街等七大玉器交易市场。到岫岩观巨型玉体、看岫玉加工、逛岫玉市场、购买玉器已经成为东北地区不分冬夏的一条旅游热线。

萨满·萨满

三、辽宁省凤城满族自治县（现为凤城市）

凤城满族自治县成立纪念

黄加祥和他传承的满族荷包

凤城共有24个民族和谐地生活在一起。其中满族占当地总人口75%以上。1985年6月13日召开庆祝凤城满族自治县成立大会。国家、省、市代表等700余人参加了大会。

凤城满族文化底蕴丰富，著名的凤城满族文工队曾进京演出，被文化部和国家民委授予先进集体；多次获省民族汇演一等奖。凤城县满族老干部黄加祥传承制作的满族传统荷包，荣幸地作为辽宁省进京庆祝新中国成立50周年演出队的佩饰，受到大会的好评。

凤城满族近现代名人辈出。抗日英雄邓铁梅、黄显声、苗可秀、阎生堂等都是出自凤城。竞走世界冠军王丽萍、赛艇世界冠军唐宾等也是凤城人。凤城还是辽东地区有名的"民国将军县"，共有十二名凤城人士被授予国民革命军将军军衔。

凤城物产丰富，有著名的百年老窖——凤城老窖、凤城御酒。重要的文化节有大梨树国际山地自行车节凤凰山山地自行车挑战赛。凤城设有满族中学，学校开设有凤城地区满族历史沿革、满族风俗、满族文字、满族文学等选修课，并积极开展满族文体活动，活跃校园文化生活。凤凰山是闻名遐迩的旅游胜地，凤凰山的满园以满族文化为经营载体，是人们体验满族风情的好去处。1994年3月8日，国务院批准，同意撤销凤城满族自治县设立凤城市（县级）。是年3月18日，辽宁省政府决定：凤城设市后继续享受有关少数民族自治地区的民族政策和优惠待遇。

四、河北省青龙满族自治县

庆祝青龙满族自治县成立20周年

青龙实现村村通电话

　　青龙满族自治县成立于1987年5月10日。县属燕山山脉东端,地势呈马鞍形。境内群山绵延,最高峰都山主峰海拔1846.3米,境内有青龙河、起河、沙河、星干河、都源河。

　　青龙山清水秀,景色宜人,自然资源和人文景观甚多。场面宏大、舞姿灵敏粗犷、节奏明快的猴打棒是青龙满族一种具有独特艺术表演风格的民间舞蹈,被列为国家级非物质文化遗产项目。境内海拔1428米的祖山,100多处自然景观与山海关、北戴河构成了秦皇岛地区"山—海—关"旅游金三角,是闻名遐迩的旅游胜地。

　　青龙盛产苹果、梨、板栗等。青龙板栗在日本注册商标为"青龙甘栗"。当地生产的"龙富"牌红富士苹果也倍受国内外专家好评和消费者的青睐。

　　青龙虽是山区,交通、通信却十分便利。自1987年7月16日秦皇岛市率先在全国开通使用引进移动电话以来,历经通信大发展、村村通电话工程,青龙实现了移动电话网络覆盖全部自然村,移动电话用户达到12万户,发达快捷的通信为青龙经济插上了腾飞的翅膀。

五、河北省丰宁满族自治县

　　丰宁满族自治县成立于1987年5月15日。全县总人口36.8万,有满、回、汉、蒙古族等13个民族,满族占总人口的62.5%。县名源于乾隆皇帝御赐,取"丰阜

丰宁满族自治县成立大会

丰宁满族黄旗武会的威风锣鼓震天动地

康宁"之意。

丰宁群山绵亘，风景秀丽；坝下地区峡谷幽深，龙潭瀑布；接坝地区茫茫林海，鸟语花香；坝上草原天高地阔，水草丰美。现有京北第一草原旅游度假区、九龙松风景区、白云古洞、喇嘛山冰臼遗址公园、洪汤寺温泉度假区等20个景点，被誉称为"京北旅游明珠"。

丰宁县政府注重满族文化传承，县内有建筑面积4695平方米的满族博物馆。设有《满族旗俗话丰宁满族民俗展》《胡骑戎马民族风丰宁历史文物展》《无悔的岁月承德知青文物展》等。与满族博物馆毗邻的是龙腾布艺馆，由联合国命名的工艺大师满族人滕腾制作的布糊画精美绝伦，更有"天下第一大雄宝寺"，为世界仅有。丰宁建有满族民俗馆、满族剪纸传承基地冬阁艺术馆等。丰宁满族剪纸入选国家级非物质文化遗产。民间花会的满族蝴蝶舞、吵子会和朱首营村的民间花会竹板落子等项目为河北省非物质文化遗产。

六、河北省宽城满族自治县

宽城满族自治县成立于1989年6月16日。县域总面积为1952平方公里，总人口23.1万人，其中满族人口占61%。满族民间文化舞蹈"宽城背杆"入选河北省非物质文化遗产项目。

宽城位于河北省东北部，承德市东南部，西近京津，东临渤海，东北部与辽宁接壤。宽城矿产资源丰富，种类多，储量大，具有很高的开发价值。主要有金、铁、银、高岭土、大理石、花岗岩、珍珠岩、石灰石等20多种，是全国黄金重点产区之一。

宽城满族自治县成立大会

宽城满族自治县成立十周年庆祝大会

　　宽城旅游资源得天独厚,有高耸入云的燕山东段最高峰,有引滦入津工程的枢纽潘家口水库——风光旖旎的蟠龙湖。从空中鸟瞰,湖水如一颗璀璨的明珠镶嵌在燕山深处、长城脚下,恰似一条巨龙蜿蜒游动……小蓬莱岛有如仙境,若隐若现;蛤蟆石、乌龟岛时起时伏;一线天、蟠龙洞、十里画廊鬼斧神工,如在画中游。闻名天下的潘家口水上长城和喜峰口水下长城雄伟壮观,那气势恢宏、巍巍壮观的自然景色,具有非凡独特的魅力。

七、辽宁省清原满族自治县

清原满族自治县成立大会

成立20周年大会上的满族儿童

　　清原满族自治县成立于1989年6月29日。清原地处辽宁省东部,县域面积3921平方公里,总人口34万,是国家级生态建设示范区。

　　清原是满族的故乡,其民间文化底蕴十分厚重,千百年来传承在全县城乡的民间故事、歌谣、谚语、传说丰富多彩。清原民间故事是辽宁省非物质文化遗产项目。

清原东与吉林省东丰县、梅河口市、柳河县毗邻；南与新宾满族自治县接壤；西与抚顺县、铁岭县交界；北与西丰县、开原市相连。境内生态优良，环境秀美，植被茂盛，水源充沛，物产丰饶，被誉为"绿色屏障""四河之源""矿藏宝库""天然药园"，特产名贵中药材有山参、刺五加、细辛、党参、黄芪等560种。

著名的旅游资源有"中国北方第一漂"红河峡谷漂流、红河谷森林公园、天然石佛、夏湖、浑河源等风景区，是东北大旅游圈中一颗璀璨的明珠。

八、河北省围场满族蒙古族自治县

围场满族蒙古族自治县成立20周年庆祝大会

草原上的莫勒真运动会

围场满族蒙古族自治县成立于1989年6月29日。县境位于河北省最北部。县域总面积9058平方公里，东、西、北三面分别与内蒙古的喀喇沁旗、赤峰市、克什克腾旗、多伦县接壤，西南和南面分别与丰宁满族自治县、隆化县相连。县境东西长138公里，南北宽118公里，总面积9219平方公里。总人口51.77万人，其中以满族、蒙古族为主的12个少数民族人口29万人，占总人口的56.2%。

围场曾是著名的清代皇家猎苑，有众多富有传奇色彩的历史文物古迹和自然景观。境内现存有康熙点将台、乾隆七通碑、将军泡子、燕赵古长城等历史遗迹60多处。现有塞罕坝国家级森林公园、红松洼国家级草原自然保护区和御道口草原，是京北黄金旅游线和承德避暑山庄及周围寺庙的重要组成部分，被国家有关部门命名为"全国生态示范区"、国家四A级景区、河北省"生态旅游示

范区"。

2006年12月31日,胡锦涛来到围场满族蒙古族自治县,考察社会经济发展情况,他亲切看望慰问基层干部群众,向大家祝贺新年,表达了对围场各族人民群众的关心和爱护。

九、吉林省伊通满族自治县

伊通满族博物馆外景

上海著名学者田兆元、葛红兵访问满族博物馆

伊通满族自治县成立于1989年8月30日。县境位于吉林省中南部,东与双阳县相依;南界东辽、东丰二县;西南与梨树县相连;西、西北与公主岭为邻;北与长春市郊区毗连。县域面积2523平方公里,总人口43.4万人,其中,满族15.5万人。是吉林省唯一的满族自治县。

伊通以河为名,古称一秃、伊敦、伊屯,均系满语音译,源于当年伊通河边栖息着一种美丽的鸟儿。在这片广阔平原上散布着因火山爆发拔地而起的16座山,其中有7座状如北斗。满族人世代相传,称之为"七星山"。至今民间传颂着"七星宝地""七星落地"的吉祥传说。火山群为国家级自然保护区,珍贵罕见的火山塔林,犹如光怪陆离的神奇世界,大自然的鬼斧神工,让人震撼,让人肃然起敬。

伊通有悠久的满族历史和传统文化,是满族的发祥地之一。伊通满族博物馆共藏有各类文物620余种,4500余件,是国内县级博物馆中的佼佼者,是满族学术研究基地,并于2007年由国家民委确定为民族团结进步教育基地。2008年由国家旅游局定为四A级旅游景点。

十、辽宁省宽甸满族自治县

满族自治县教育事业欣欣向荣

全民体育运动蓬勃发展

宽甸满族自治县成立于1989年9月。全县总人口44.8万人，有满、朝鲜、蒙古、回、锡伯、壮、侗、柯尔克孜、瑶等18个少数民族。满族占全县总人口的53%。

宽甸民族文化多姿多彩，八河川镇王氏皮影戏和宽甸朝鲜族寿宴，已被列入省级非物质文化遗产保护项目，青山沟镇满家寨被列为丹东市《单鼓》艺术传承基地。

宽甸森林茂盛，山珍野果漫山遍野，有960多种药用植物，素有"天然中草药库"之称。驰名中外的"石柱参"产于县内振江镇石柱子村。柱参一般单支仅重30克左右，至今已有300多年栽培历史，出圃年限为15—20年，药效可与野山参相媲美，为"国之瑰宝、东北一绝"，素有"国际参市盼珍品、柱参不到不开行"之美誉。

宽甸自然景色优美，四季分明，气候宜人，山水以其独特、险峻、奇秀、幽艳而著称，境内现有鸭绿江国家风景名胜区、天桥沟国家森林公园、白石砬子国家级自然保护区、青山沟风景名胜区、名闻世界的画家村、黄椅山等一大批风景名胜古迹。

十一、辽宁省本溪满族自治县

本溪满族自治县成立于1989年9月7日。东与桓仁、宽甸相通，南与凤城为

朱德、董必武视察本溪（1959年）

本溪满族秧歌队在满族秧歌大赛上获奖

邻,西与本溪、辽阳毗连,北与抚顺、新宾接壤,辖区面积3344.5平方公里。全县总人口30万人,有满、汉、回、蒙、朝鲜等15个民族,其中满族人口占65%。

长白山系的千山山脉从东向西在这块美丽的土地上蜿蜒,境内山脉纵横,河流萦绕,风景秀丽。有丰富的森林、矿产、野生动植物资源。素有"燕东胜境"和"枫叶之乡"之美誉。拥有关门山、温泉寺温泉,大石湖等著名风景区16处。最著名的"本溪水洞",神秘梦幻,旖旎万千,是世界上最大的水洞。

本溪满族自治县历史悠久,文化灿烂。满族人在这里生息、繁衍至今已达6个世纪之久。如今,满乡民风淳朴,满族的婚嫁、礼仪、祭祀、居室等风俗习惯也还鲜活地存在于民间。传承至今的满族民间舞蹈"本溪社火"、本溪县满族民间故事、寸跷秧歌是省、市级非物质文化遗产保护项目。

十二、辽宁省桓仁满族自治县

桓仁火炬手传递奥运火炬

桓仁第十届运动会隆重开幕

桓仁满族自治县成立于1989年9月7日。全县人口共30万,有满、汉、朝鲜、回、锡伯、蒙古族等共11个民族。明永乐二十二年(1424年),建州女真族第三代首领李满柱率族众南迁,来到桓仁一带繁衍生息。因此,桓仁也是满族文明的发祥和启运之地。

桓仁县境内峰峦叠嶂、碧水潺潺、景色怡人,是燕东胜境的重要组成部分,世界文化遗产五女山山城,是高句丽开国都城。

桓仁民族文化艺术底蕴深厚。由桓仁满族自治县画家创作的版画构图新颖别致,画面色彩鲜艳,散发着质朴纯真和浓郁的乡土气息,又有现代民间审美意识,深受国内外的赞誉,被文化部命名为"版画之乡",并被评为本溪市非物质文化遗产代表作。朝鲜族农乐舞"乞粒舞"被评为国家级非物质文化遗产项目。

桓仁历史悠久,民风淳朴。2008年5月,四川汶川发生8级大地震,在全国人民积极支援灾区的时刻,桓仁满族自治县华尖子村村民张玉清自费1.4万元雇了一辆货车,拉着自家生产的5吨精制大米和100箱绿虫子鸡蛋赴四川灾区慰问灾民,表达了桓仁满族和各族农民兄弟对灾区兄弟姐妹同胞的一片深情厚意。

十三、辽宁省北镇满族自治县(现为北镇市)

北镇满族自治县成立大会

北镇满族高中的满族文化课

北镇是辽宁省历史文化名城,现全市有满、汉、回等19个民族,其中满族人口有32.7万人,占全市总人口的62.4%。市里设有满族高中,开展满族文化课及满文班,进行满族历史和文化教育。

北镇满族自治县成立于1990年6月15日。是日，全县各族各界万名群众隆重集会，热烈庆祝北镇满族自治县成立。国家、省、市代表团成员及各地来宾参加了会议。会上，锦州市副市长赵显英宣读了国家民政部关于设立北镇满族自治县的批复，同时宣告北镇满族自治县成立。辽宁省代表团团长胡亦民代表省六大班子送了贺幛。县长王永才发表了"为把北镇建成政治稳定、经济发达、人民幸福的满族自治县而奋斗"的讲话。国家代表团团长刘隆、省代表团团长胡亦民、市代表团团长杨广林分别讲了话。县各界各族代表作了发言。全国人大常委会民族委员会、国家民委等30多个单位发来贺电贺信，盘锦市委、市政府近50个单位赠送了礼品。大会结束后，进行了游行检阅。(锦州年鉴)

　　1995年3月撤销北镇县，设立北宁市(县级)，并享受辽宁省内少数民族自治县待遇。北镇有全国著名的医巫闾山旅游景区，青岩寺、古城墙、鼓楼、李成梁石牌坊、崇兴寺等。地方特产有葡萄、鸭梨、沟帮子熏鸡等。文化节有梨花节，市满族民间剪纸为国家非物质文化遗产保护项目。

第十一节　全国各地满族乡

北京市：

密云县：檀营满族蒙古族乡。怀柔县：喇叭沟门满族乡、长哨营满族乡。

天津市：

蓟县孙各庄满族乡。

河北省：

遵化市：汤泉满族乡、西下营满族乡、东陵满族乡。易县：凌云册满族回族乡。涞水县：娄村满族乡。文安县：大围河回族满族乡。滦平县：平坊满族乡、安纯沟门满族乡、五道营子满族乡、邓厂满族乡、马营子满族乡、付家店满族乡、西地满族乡、小营满族乡、大屯满族乡、西沟满族乡。承德县：岗子满族乡、两家满族乡。兴隆县：八卦岭满族乡、南天门满族乡。隆化县：尹家营满族乡、庙子沟蒙古族满族乡、偏坡营满族乡、太平庄满族乡、旧屯满族乡、西阿超满族蒙古

满族乡的人民代表大会

满族乡的青年参军入伍

满族乡的丰收那达慕运动会

族乡、白虎沟蒙古族满族乡。平泉县：柳溪满族乡、七家岱满族乡、平房满族蒙古族乡、茅兰沟满族蒙古族乡、许杖子满族乡、南五十家蒙古族满族乡、郭杖子满族乡。

辽宁省：

沈阳市：东陵区满堂满族乡。海城市：孤山满族镇。鞍山市：千山区宋三台子朝鲜族满族镇。康平县：柳树屯蒙古族满族乡、沙金台蒙古族满族乡、东升满族蒙古族乡、西关屯蒙古族满族乡。大连市：金州区七顶山满族乡、乐甲满族乡、吴炉满族乡、太平岭满族乡、塔岭满族乡、仙人洞满族镇、金州区石河满族镇。瓦房店市：老虎屯满族乡、三台满族乡、杨家满族乡。庄河市：高岭满族乡、桂云

满族乡劳模获得表彰

满族乡的儿童心灵手巧

花满族乡、三架山满族乡。抚顺市抚顺县：拉古满族乡、汤图满族乡。本溪市：南芬区思山岭满族乡、南芬区下马塘满族镇、溪湖区火连寨回族满族镇。丹东市：合隆满族乡、龙王庙满族锡伯族镇。锦州市：巨粮屯满族乡、九道岭满族乡、地藏寺满族乡、红墙子满族乡、留龙沟满族乡、稍户营满族乡、大定堡满族乡、头台满族乡、头道河满族乡、车坊满族乡、无梁殿满族镇、羊安满族乡、白厂门满族镇、温滴楼满族乡、右卫满族镇。阜新市：东六家子满族蒙古族镇、西六家子蒙古族满族乡。辽阳市：吉洞峪满族乡、水泉满族乡、甜水满族乡。昌图县：泉头满族镇。开原县：八宝屯满族乡、上肥地满族乡、下肥地满族乡、林丰满族乡、莲花满族乡、靠山满族乡、曾家屯满族乡、黄旗寨满族乡。铁岭市：清河区聂家满族乡、白旗寨满族乡、横道河子满族乡。西丰县：成平满族乡、德兴满族乡、和隆满族乡、金星满族乡、明德满族乡、松树满族乡、营厂满族乡。绥中县：西平坡满族乡、大王庙满族镇、范家满族乡、高甸子满族乡、葛家满族乡、荒地满族镇、黄家满族乡、宽邦满族乡、明水满族乡、高家堡满族乡、沙河满族乡、网户满族乡、小庄子满族乡、叶家满族镇、大台山满族镇。兴城市：三道沟满族乡、白塔满族乡、曹庄满族镇、大寨满族乡、东辛庄满族镇、高家岭满族乡、郭家满族镇、海滨满族乡、红崖子满族乡、拣金满族乡、碱厂满族乡、旧门满族乡、刘台子满族乡、南大山满族乡、沙后所满族镇、望海满族乡、围屏满族乡、闻家满族乡、羊安满族乡、药王庙满族乡、元台子满族乡。葫芦岛市：连山区新台门满族蒙古族镇。建昌县：二道弯子满族乡。

满族乡的民间体育活动真精彩

吉林省：

九台市：莽卡满族乡。梨树县：叶赫满族镇。永吉县：金家满族乡。东丰县：三合满族朝鲜族乡。梅河口市：小杨满族朝鲜族乡。珲春市：三家子满族乡、杨泡满族乡。公主岭市：龙山满族乡、二十家子满族乡。通化县：金斗朝鲜族满族乡、通化县大泉源朝鲜族满族乡。吉林市：昌邑区土城子满族朝鲜族乡、昌邑区乌拉街满族镇、龙潭区大口钦满族镇、龙潭区两家子满族乡。

黑龙江省：

哈尔滨市：南岗区红旗满族乡、阿城市料甸满族乡。双城市：幸福满族乡、乐群满族乡、同心满族乡、希勤满族乡、公正满族乡、联兴满族乡、团结满族乡、新兴满族乡、青岭满族乡、农丰满族镇。五常市：拉林满族镇、红旗满族乡、营城子满族乡、牛家满族镇。齐齐哈尔市：昂昂溪区水师营满族乡。富裕县：友谊达斡尔族满族柯尔克孜族乡、塔哈满族达斡尔族乡。宁安市：江南朝鲜族满族乡。黑河市：爱辉区四嘉子满族乡、爱辉区坤

满族乡的农家乐喜迎宾客

满族乡的孩子们爱家乡，爱草原

满族乡人民欢歌进入新时代

河达斡尔族满族乡。孙吴县：沿江达斡尔族满族乡。绥化市：北林区绥胜满族镇、永安满族镇、红旗满族乡。望奎县：惠七满族镇、厢白满族乡、灵山满族乡。绥滨县：福兴满族乡。友谊县：成富朝鲜族满族乡。

内蒙古自治区：

兴安盟：科右前旗满族屯满族乡。赤峰市：松山区关家营子满族乡。喀喇沁旗：十家满族乡。凉城县：曹碾满族乡。

贵州省：

金沙县：安洛苗族彝族满族乡、新化苗族彝族满族乡。大方县：金坡苗族彝族满族乡、黄泥彝族苗族满族乡。

安徽省：

肥东县牌坊回族满族乡。

福建省：

长乐市琴江满族村。2007年被评为"福建最美乡村"。2010年被评为"中国历史文化名村"。

第五章 原始符号文字语言的嬗变

许多记述人类古史和古人类行为轨迹的神秘岩木痕画,许多琳琅满目的象征符号语言,许多粗犷玄奥的舞动暗示和声响音律,许多千奇百态的雕饰遗物……必然表示远古人类细微、深邃的某种原始动机与行为,这都是人类生命的呐喊。

引自富育光著《萨满论》

符号文化是原始文化的胚基,是人类思维与观念的显示,它记录着人类早期思维活动的轨迹,从形态各异的符号中,我们得以洞悉古人类是如何借助某些必要的信息来帮助自己表达、交流、传播。

引自郭淑云著《原始活态文化——萨满教透视》

中华民族悠久而灿烂的历史文化,是由各民族共同努力奋斗而创造的。满族作为其中的一员,蓬勃崛起,奋进开拓。其文治与武功,辉煌与失败,无不给中国的历史留下鲜明的印记,更为人类文明进程提供了宝贵的经验和教训。满族一代一代儿女,从未忘记过去辉煌坎坷的历史,也从未停止过豪迈跨越的脚步,努力为中华历史文化、人类文明进步作出新的贡献。

黑龙江大学满族语言文化研究中心主任 赵阿平

第一节　传世英雄史诗《乌布西奔妈妈》

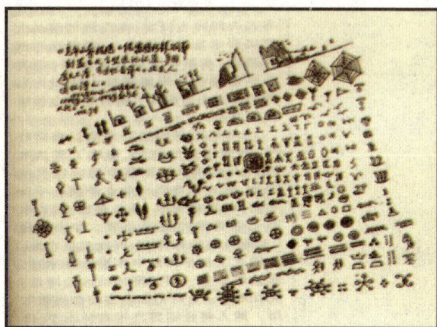

满族古代符号文字

国际著名萨满学者富育光在海参崴考察

　　满族口传英雄史诗《乌布西奔妈妈》由国际著名萨满文化学者富育光先生于1958年在黑龙江省东宁镇满族赫舍里氏家族发现。

　　相传母系社会时期，黑龙江、乌苏里江流域有个统领七百部落的大萨满乌布西奔。她刚出生时，不会说话，像海狸鼠那样呆傻。在东海上出现了两个太阳的一个清晨，她来到了处于部落战乱和瘟疫的乌布逊部落，敲响神鼓，甩动腰铃，开口唱起神歌，成为乌布西奔萨满。从此，乌布西奔统御八方，神谕四海，带领族人泛舟东海（现日本海），与狂风恶浪搏斗。在她的英明指挥下，东海的太阳照耀着没有征杀的山岩草地，东海的明月抚慰着没有哭泣的千里帐包。然而，乌布西奔却累死在大海上。她满怀着对族群的留恋和爱，闭上了她那对明亮而慈祥的眼睛。族人把她的遗体运回来，安葬在现俄罗斯锡霍特山脉的德烟古洞里，并把她一生的壮举用图形文字刻在洞穴里的巨石上。

　　2000年，美国加利福尼亚大学人文学家詹姆斯博士在俄罗斯锡霍特山脉找到了德烟山古山洞，亲眼看到了一些呈旋转形刻在悬崖上洞穴里的文字，从而证实了《乌布西奔妈妈》这部满洲民族口传英雄史诗的真实性。

第二节　女真族符号文字

萨哈连乌拉（黑龙江）	窝集（密林）	女真人	索伦人（现鄂伦春族）
鱼皮部人（赫哲族）	栖林人	罗刹（俄罗斯人）	春天、雪融
夏天、温暖	躲藏、隐蔽	病人	夜攻和偷袭
满意和谅解	树木	前面是大壑谷	朝鸟头方向走有人家
朝兽头方向走荒野无人	船沉没，有危险	救援符号（1）	救援符号（2）
风	大火	在此聚合	前面有河
太阳	友爱、互助	寻伴声	长者、女罕
传信	男萨满	女萨满	清军

此洞有人	聚宴	谈判	暖泉、山泉
牧马场	窖藏	道路畅通	可食的野菜
有动物出没	打皮（鼓）	双方敌视	有病、腐烂（人和动物）
风吹雷击声	活人符号（男、女）	吉祥平安（1）	吉祥平安（2）
不同意谈判	人死符号	火葬	晴空
男人	女人	老人	小人
口渴找水	落水声	下雨	林中有树屋、有人烟
冬天、冰雪	狗橇	怀孕（包括人与动物）	俘虏符号

前面有屯寨	有毒的野菜、禁采食	水、沼泽	男罕
力量、兴旺、人多	仓围	同部落	异族部落
惊奔	凿坚冰声	叫子声	箭飞声
木板声	舞乐	同意、准许、放行	圆满结束、全胜
部落联盟	不同意、不准、不许放行	星、日月	男性、雄性
女性、雌性	动物交配、性爱	天	地
东	南	西	北
下面有陷阱	上	下	秋天、秋实

第三节　符号文字记忆的萨满祭祀

——尼阳尼雅·那丹珠

译文：

　　萨哈连乌拉（黑龙江）密林里，繁衍生息着万兽天禽、女真人、索伦人（鄂伦春）、鱼皮部人（赫哲族）。我们的女罕是爱坤沙德，各穆昆（氏族）有女萨满、男萨满。祭天时，不管是同部落的，还是其他部落的，男女老少从四面八方赶来。人们友爱互助，手拉手地在阳光下，在山泉旁，伴着流水声，打起皮鼓，唱鹰神歌，跳东

114

海莽式,欢聚在一起野餐。冰雪消融,大雁飞来,新的一年开始了。夏天,老林子里花开了,孩子和女人上山采集野菜,男人们披星戴月地聚在一起去打猎,箭飞的声音真动听。秋天,男罕带领男人打围放山,全胜而归。冬天,女罕率领族众跳神祭祖,庆祝一年的吉祥平安。

第四节　渤海国文字的使用与消失

698年,靺鞨族(靺鞨)建立震国。其国域为今中国东北地区、朝鲜半岛东北及俄罗斯远东一部分。713年,唐封大祚荣为"渤海郡王",震国改为"渤海国",并学习唐制管理国家。

渤海都城初驻旧国(今吉林敦化),742年迁至中京显德府(今吉林和龙),755年迁至上京龙泉府(今黑龙江宁安),此时,以莺歌岭考古成果论证,满洲原始部落迁徙进入现黑龙江宁安的时间已为3000多年。由满族萨满世代传承的"鄂多玛法"讲述了迁徙之路的过程。时渤海国民族的主体为肃慎(满语为鹔鹴、苏顺、诸申等)原始部落后裔,最大的有佛涅部、越喜部、铁利部等。

在关于渤海国"渤海文"的记录中,有"李白醉酒退番书"的传说,唐玄宗时,渤海国使者带着国书来到长安,唐玄宗召见番使,令翰林学士宣读番书。翰林学士打开番书,不识其文字。唐玄宗宣诏文武百官,后由贺知章推荐李白释读,且

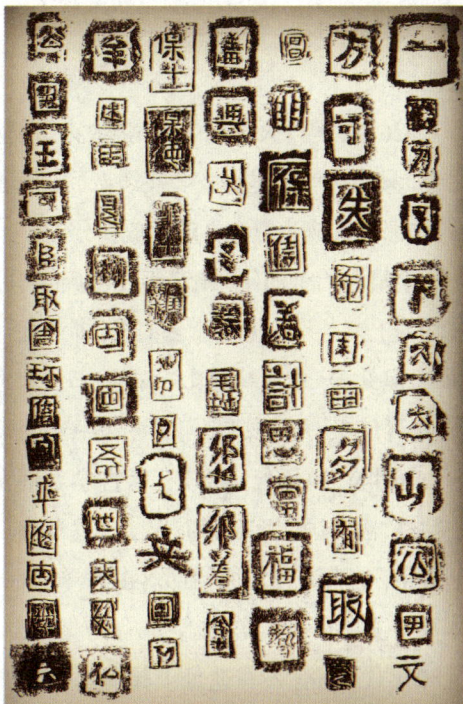

渤海文拓片(牡丹江师范学院提供)

渤海国古城墙

书写了答书。

渤海国历200多年，以东海女真含海洋、森林文化符号文字与汉字相结合，创造出新的文字。使用汉字后，渤海国王不断派遣诸生和王子到长安太学学习。并在五京周围等发达区域，以中原教育为模式，自上而下地建立了较为系统的教育体制。在儒学、宗教、文学、音乐、歌舞、绘画、雕塑以及科学技术等方面，都取得了一定的成就，涌现出一批著名学者、文学家、艺术家、航海家。在今渤海上京遗址博物馆，我们可以看到精美的彩陶、石刻、瓦当等，完全可以与中原文化相媲美。

东海女真海洋文化与汉文化的融合，使渤海国出现包括王子在内的一大批诗人，对此有温庭筠的《送渤海王子归本国》诗句为证："疆里虽重海，诗书本一家。盛勋归旧国，佳句在中华。定界分秋涨，开帆到曙霞。九门风月好，回首即天涯。"

926年，契丹灭渤海国，一把大火将都城焚毁，大量的历史文字资料毁于大火之中，只能从唐史里寻找。在毁城后，契丹将大批渤海人迁往现辽宁北镇等地一带，这部分人成为熟女真的组成部分。

至清顺治十四年(1657年)，汉族知识分子吴兆骞因科场案流放宁古塔，他见被焚的上京龙泉府上空紫云霞光，即前往勘察，但见：城东江畔有乱石坏桥，三重宫展，阶墀陛城，丹绿琉璃，间有夷汉字号。

20世纪30年代，陆续有考古学者前往勘察，渤海国文字瓦皆有出土。这些出土文字，是满洲先民原始部落由海洋、森林符号文字开始与汉文字结合的见证。至80年代，还有人在遗址上捡到写有汉字的瓦片。

渤海国大遗址出土的渤海国文字砖

第五节　女真文的诞生与使用

据《金史》记载,金太祖阿骨打命完颜希尹仿契丹字和汉字创制女真字(女真大字),于天辅三年(1119年)颁行。20年后,金熙宗完颜又再制女真字(女真小字),于天眷元年(1138年)颁行。

女真文字一直沿用到明代,凡是在女真族管辖地区任职的文武官员,晋京朝见的奏疏、表章,一律要用女真文字书写。

在吉林松原,有一座距今已有800多年的女真文字碑。据历史资料记载,1114年秋,女真族英雄完颜阿骨打在现扶余市徐家店乡石碑崴子屯东1.5公里处,率领2500名女真人,在一处草高约2米的草甸子上祭天

左图:松辽平原上的"大金得胜陀"碑亭
右图:金启孮先生摹得胜陀颂女真字《开创之勤》

誓师,拉开了女真人起义反辽的历史序幕,次年终成大业。金大定二十五(1185年),金世宗完颜雍为纪念祖父的功绩,下诏在当年祭天处竖碑建字。此碑为青石雕成,碑首呈长方形,顶部和侧面共雕有四条蟠龙,正面刻有大字篆书"大金得胜陀"六个字,为金代书法家党怀英手笔。碑身刻有800余字,正面为汉文,背面为女真文,是目前东北女真文碑刻文最多、保存最完整的一座,是研究金代历史,特别是研究女真文字的宝贵资料。

"大金得胜陀颂碑"现为国家级重点文物保护单位。

金代,女真文字所撰写的有官方牌符、官印文字等资料,如在陕西西安碑林石台孝经内部发现的《女真字文书》残页,是迄今发现的唯一女真文字手抄本,对女真文字学具有重要的学术价值。

出土于黑龙江阿城、有女真文押和汉字的金代铜镜

出土于阿城的女真文押

出土于绥滨金墓的女真文"封"字押

以女真文字凿刻的题字、碑碣、摩崖石刻也遍布东北亚,如现内蒙古自治区呼和浩特市东郊白塔女真字题壁、科右中旗都尔基公社墨书题字、科右前旗乌兰茂都公社女真墨画墨书题壁等。

以女真文字刻碑的,有现藏于河南省开封市博物馆的《女真进士题名碑》、中国历史博物馆的《奥屯良弼饯饮碑》、山东蓬莱县的《海龙摩崖石刻》、吉林省海龙县的《昭勇大将军同知雄州节度使墓碑》、苏联海参崴博物馆的《永宁寺碑》;朝鲜境内有:咸镜北道庆源郡的《庆源郡女真国书碑》,咸镜南道北青郡的《北青女真国书摩崖》。

满洲萨满崇尚铜镜,在祭祀时,要穿上装饰象征神的、类似铜镜的小园亮片的神服,胸前背后还要佩戴铜镜。金代,是满洲先民文化继渤海国与汉文化结合后的又一次跃进,萨满文化以女真文和汉文同时出现在萨满文化的崇拜物——铜镜上,成为这段社会历史的印记,如在黑龙江阿城出土的铜镜上,既有满洲先民萨满文化的自然崇拜,又有女真文押与汉字的标注。遗憾的是,这些宝贵的萨满文化资源,由于没有萨满文化的理解和研究,还有很大的空间期待发现和延伸。

中华人民共和国成立以后,女真文的研究也卓有成就,由金光平、金启孮将女真文制字、资料、读音、语法和部分碑释于1964年出版的《女真语言文字研究》一书,是中国第一部女真文字专著。

1999年8月,吉林省国家一级作家陈景河在长白山天池考察,发现女真祭天神坛,并发现一块高98.5厘米、宽44.5厘米、厚10.5厘米,有人工打制痕迹的圭形碑,碑为青石料,上刻有古文字。9月2日,吉林红楼梦学会邀请东北师范大学女真史、女真文专家穆鸿利,吉林大学辽金史专家张博泉,东北民族与边疆研究中心刘厚生

萨满·萨满

等国内知名教授，在长春对照片和文字拓片进行鉴定，专家们认出这块石碑正面所刻的三个文字中后两个字是女真文"太白神"或"太平碑"之意。

国外研究女真文的知名学者爱新觉罗·乌拉熙春，于2000年以来先后出版了《女真文字书研究》《女真语言文字新研究》。又与父亲金启琮合作编写了两部大辞典：一部为《女真文大辞典》，是在《女真文辞典》的基础上增补了《女真文字书》及现存所有石刻中出现的女真字。另一部为《女真语满洲通古斯诸语比较辞典》，

长白山天池出土女真文字碑　　文字碑拓片

乌拉熙春、金适、穆鸿利女真书法

西林和番先生向天津满族文化俱乐部赠送女真、满、汉文字书法

汇总了所有女真语词汇,并将其与满洲通古斯诸语进行了全面的比较研究,代表了当今世界女真语言文字研究的最新成果。现国内以女真文字创作书法作品的有女真史学者有穆鸿利、北京农业大学教授金适、大连满族联谊会顾问西林和番等人。

第六节　满语与满文的诞生与使用

　　1599年,清太祖努尔哈赤命满洲巴克什(学者)额尔德尼和噶盖用蒙古字母拼写满语,创制无圈点满文(老满文)。皇太极时改进成为有圈点满文(新满文)。从此,满语、满文成为清朝官方语言和文字,记录了东北亚地区历史文化、社会、民族、人类学的珍贵资料,并成为满汉、中西文化交流的重要桥梁。创制满文,是满族政治、经济、文化、民族发展历史的重要里程碑。

　　1985年,哈尔滨首办满语学习班。现在,中央民族大学、黑龙江大学、哈尔滨科学技术职业学院已开设满语专业。其中黑龙江大学已招收满族文化博士、硕士研究生。哈尔滨工程大学、南开大学、大连民族学院、东北师范大学等高等学府也开设了满语班,教授满文。许多有志于传承民族文化的满族青年,也在北京、上海、沈阳、哈尔滨、阿城、天津等地开班教授满语和满文。

1985年,哈尔滨市首开满语学习班结业合影

东北师范大学满族历史语言文化研究中心江源教学基地　暨满族学堂开学典礼

黑龙江大学满语专业研究生毕业

富裕县三家子满语学校的满语课

满语文的教学也在东北三省和满族聚居地进入中小学课堂。如黑龙江省齐齐哈尔市富裕县的三家子满语学校是黑龙江省第一所开班教授满语的小学，每班每周开设两节满语课，学习满族语言、文字和文化。黑龙江大学附中、齐齐哈尔扎龙中学，均开设了满语文化班，学校订期聘请满语专家讲课，受到了学生和家长的欢迎。东北师范大学还举办了满文书法笔会。

2000年以来，满语的学习和发展得到社会广泛关注，如满语列入了朝阳区级非物质文化遗产名录。北京故宫博物院也成立了满语学习班。北京、台湾、东北等地分别举行了满文书法展。吉林北华大学东亚

小学满语文教材

满文电脑输入展演

历史与文化研究中心与东北师范大学东北民族与疆域研究中心还联合成立了北华大学非物质文化遗产（满语言文化）研究所。学习满语的网站有满族心、满洲的天空、吉祥满族等。而学习满语的qq群、微信群也有众多，满文输入也由满族青年研制成功，并在2011年吉林省满族说部成立大会上做了精彩展演。

2011年2月以来，由东北师范大学满族历史语言文化研究中心主办，由白山市江源区教育局、白山市第三中学协办的面向全国的寒暑假全封闭式满语集训班成功地举办了六期，有来自全国十五个省市自治区及包括在美国、英国、丹麦、韩国等国家留学的学生和中央民族大学在内的十九所高校的共150余人次参加了学习，受到广大满语学习爱好者的广泛好评。为了传承满文，开展满文教育，东北师范大学满族历史语言文化研究中心江源教学基地、吉林省白山市第三中学教研室还编写了《小学满语文教材》。

辽宁是满族文化的重要承载地，为传承满族文化，辽宁沈阳满族中学、北镇市满族高中等学校，以及本溪满族自治县率先开办了满语培训班。岫岩在全县广泛开展满语学习活动，各机关企事业单位也纷纷设立"满语角"，组织开展满族文化知识竞赛等活动，各满族自治县也积极将满语教学引入中、小学课堂，开展满语教育。

2014年11月5—6日，由辽宁省民委主办、岫岩满族自治县民族宗教事务局承办的全省满语基础知识竞赛在岫岩县举办。全省有岫岩、新宾、清原、本溪、桓仁、宽甸6个满族自治县和凤城市、北镇市共

本溪满族自治县开办满语文培训班

8支代表队参加竞赛。竞赛分为笔试和电视现场竞赛两部分,内容包括满族历史与传统文化、满语满文常识与口语交流、满族歌舞和书法、才艺展示等方面。评委会在参赛选手中,评出一等奖1名、二等奖2名、三等奖3名。2015年,"岫岩满语口语"等被确立为第四批县级非物质文化遗产保护项目。

在台湾,开设满语学习班的有台北故宫、国立政治大学民族学系兼任教授庄吉发开设的满语学习班、台湾大学满文基础班、中正

吉林白山市江源满族学堂里上满语课的孩子们

辽宁省满语基础竞赛在岫岩举办

大学开设的满班,台北中研院史语所将六部满汉成语以265页建立网站等。2013年6月2日,台湾教育部在终身学习数字化平台发布满语教学系列影片。亦有满族同胞自办的满语学习班。满文应用上即用于食品包装、店招,也用于高档楼盘的设计。还有满族青年为怀念长者而在身上以满文刺青留作终身纪念。

满语在欧美大学范围内也受到广泛的关注,由于在美研究中国清朝历史,阅读满文的能力被当作必备条件,所以,美国哈佛大学、耶鲁大学和加州大学伯克利分校常年开设满语课。哈佛大学还建立了满洲文化研究团队。

上海满族同胞自学满语

北京满族同胞自学满语

兰州满族同胞自学满语

沈阳满族同胞自学满语

成都满族同胞自学满语

台湾满族同胞自学满语

宽城县峪耳崖镇中心小学的满语课

东北师范大学举办满文书法笔会

1 2 3 4 5 6 7

再见！（西拉马查KI）

谢谢，（巴尼哈！）

你这话很对，（西尼 额了 GI孙 乌摸西 阿查那密）

我们满族人应该懂得自己的语言，（暮色 满珠尼牙尔玛 波叶一 GI孙 波 乌尔HI其 阿查密）

你要学满语是好事，（希满珠 GI孙 波 塔其KI色横额，赛音百它）

我是满族人，我在学满语，（比 噢其 满珠 尼牙尔玛，比 满珠 GI孙 波 塔其玛哈比）

老师好，同学们好，新年好（瑟夫赛音，沙毕撒赛音，依彻 阿尼亚 赛音奥KI尼）

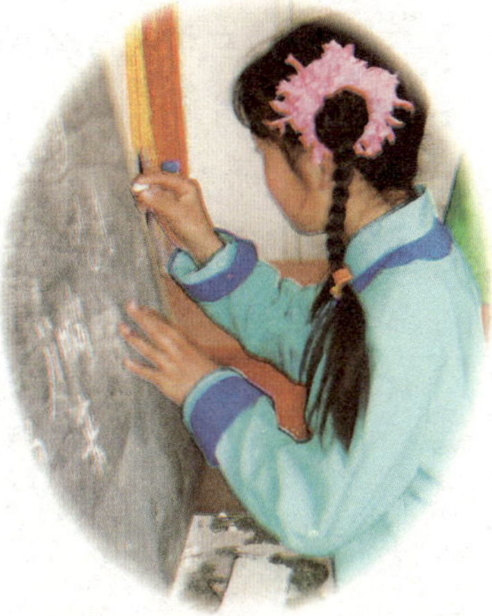

本章满文书写： 松克勒（沈铭）

第六章　满洲世居地与满洲哈拉(姓氏)

玛法(爷爷)说,我们的老家在遥远的北方,

北方有一座阿林(山),叫果勒敏延珊阿林(长白山)。

讷讷阿姆(奶奶)说,我们的老家在遥远的北方,

北方有一条大江,叫萨哈连乌拉(黑龙江)。

阿玛(父亲)说,哈达(山峰)、霍落(山沟)雄伟绵延,

巴那姆赫赫(地母神)养育了满洲巴图鲁。

额姆(母亲)说,毕拉(河)乌拉(江)千万年流淌,

鹰神妈妈口口相传,吟唱萨满神歌。

聆听着的阿哥和格格啊,

树有根啊,水有源,

不管你去到天涯,去到海角,

都要记住先祖发祥的白山黑水,

都要记住属于你的——满洲哈拉(姓氏)。

　　　　　　　　　　——尼阳尼雅·那丹珠(白玉芳)

第一节 满洲先民世居地满语地名

　　满族崛起于东土，发祥于长白，是白山黑水的原住民。在长期的社会历史发展过程里，留下了许多满语地名。直至今日，这些地名仍然在使用。现将原牡丹江市原副市长杨锡春先生多年研究的满语地名选择一部分列出，以便人们能从地名中去了解满族的历史文化。

汉　语	满　语	寓　意	现俄罗斯名称
精奇里江	结雅河、精奇里乌拉	黄色的江	结雅河
贝加尔湖	贝加尔湖	水产丰富	贝加尔湖
牛满江	牛曼毕拉	罕达罕	布列亚河
锡霍特山	锡霍特阿林	有野生小动物	锡霍特山
奴儿干	奴尔干	山川美丽	蒂尔
库页岛	萨哈林岛	黑色江边的岛	萨哈林岛
雅克萨	雅克萨	涮塌的河湾	阿尔巴金
海参崴	奇集崴子	海参	符拉迪沃斯托克
布尔和哩湖	博尔和哩鄂模		谢米多姆斯耶湖

黑龙江：

汉　语	女真语	满　语	寓　意
黑龙江		萨哈连乌拉	黑色的江
哈尔滨	合里宾忒	哈勒费延	扁状的岛
五大连池		乌德林池	
扎龙湖	扎龙		大雁落脚的地方
牡丹江	虎尔哈海	穆丹乌拉	有响声的江
兴凯湖	湄沱湖	兴凯候温	月琴状的湖泊
乌苏里江	阿速古儿水	乌苏里乌拉	天江顺流而下

第六章　满洲世居地与满洲哈拉（姓氏）

汉　语	女 真 语	满　语	寓　意
沾河		沾别拉	水急流的河
张广才岭		赛齐窝集穆鲁	有山梁的大森林
嘉荫河		嘉荫毕拉	木头垛子
双城市	朱鲁		两个穆昆居住地
五常市		拉林窝集	欢喜快乐的森林
哈尔滨阿城区		阿勒楚喀河	以河为名
佳木斯市		甲克木斯噶珊	去宁古塔的驿站
呼兰	胡辞温	呼兰	烟囱
巴彦		巴彦苏苏	富庶的地方
木兰县	木兰达		大围场
海林县		海浪、海兰	榆树
绥芬河市		绥芬	河中有锥形螺蛳
萝北县		托罗阿林	长着核桃树的山
伊春市		伊春	皮衣料
海伦市		海伦	水獭生息的地方
讷河市		讷谟尔毕拉	以河命名
瑷珲		瑷珲	母貂生息的地方
逊河		逊别(毕)拉	太阳河
七台河		奇塔毕拉	有草屋的地方
舒兰毕拉		舒兰毕拉	长野果的地方
乌云河		乌云毕拉	树林茂密的地方
拉林河		涞流毕拉	爽快欢乐的地方
乌吉密河		乌吉密毕拉	原始森林的河流
富裕县	尼雅	乌裕尔	大雁生息的低洼地
汤原县		汤旺	春花盛开的岛
大庆市	萨尔图	萨尔图	多风之地
绥棱县		绥楞额	有野马蜂生的地方

汉 语	女 真 语	满 语	寓 意
呼玛县	呼玛尔		鱼卧碴子
昂昂溪	昂阿奇		狩猎场
完达山		完达阿林	梯子一样的山
穆棱县		穆棱、木伦	马、牧场
虎林市		稀尔虎勒	沙鸥生息的地方
饶河县		纳喇毕拉	有许多禽鸟的河
富锦县		富的新	居住的高岗
宝清县		波亲	獾子生息的地方
勃利县		豌豆	豌豆生长的地方
密山市		绥棱阿林	马蜂成群的地方
九道梁子		乌永阿拉	九道岗子
尚志市	兀术	乌珠	金兀术起兵发迹地
依兰		依兰哈喇	三江、三姓之地
裴德河		裴德里毕拉	调头流向的河
嫩江		墨尔根	善于狩猎有智慧
安达市		安达	朋友、伙伴
挠力河	诺尼乌拉	诺尼乌拉	碧绿色的江
薄荷台乡		薄荷台	土台子
他拉哈镇		他拉亚哈格	矮草甸子
吉林省			
长白山		果勒敏珊延阿林	常年积雪的神山
松花江		松阿里乌拉	天河
长白山天池		图门泊	万水之源
长白山瀑布		昂邦图拉库	大瀑布
图门江	豆满江	图门色禽	万水之源
布尔哈通河		布尔哈通毕拉	缭绕柳林的河
鸭绿江		雅鲁江	江中鱼名

第六章 满洲世居地与满洲哈拉（姓氏）

汉　语	女真语	满　语	寓　意
长春市	茶阿冲		女真人祭天神词
安图县		安图	长白山阳坡地
双阳市		苏斡延	以河命名
蛟河市		觉哈河	有气泡山泉眼河流
汪清县		汪清	野猪生长的地方
辉南县		辉发	青黑色的江
图门市		图门、豆满	万水汇集的地方
吉林市		吉林乌喇	靠近江沿的城市
伊通县		伊通	半翅鸟生长的地方
敦化市		鄂敦	地处大风口的地方
和龙市		和龙霍洛	两山夹一沟的山谷
延吉市		延吉	野山羊生长的地方
珲春市		珲春	冬季的爬犁
梅河口市		梅合勒毕拉	像蛇形的江
其塔木		其塔木	光杆树
浑江	沸流水	佟佳江	佟佳氏发祥地
辽宁省			
沈阳市		穆克敦、盛京	兴盛的京城
萨尔浒		萨尔忽噶栅	织网的梭子
法库县		法库	地貌如鱼梁或鱼脊
铁岭市		特林	摇晃
黑达沟		黑达	长着獠牙的野猪
汤图		汤图霍洛	像犁一样的山沟
赫图阿拉		赫图阿拉	横岗子
鞍山市		恩额穆阿林	马鞍子形的山
苏子河		苏克素呼毕拉	鱼鹰
太子河	无鲁呼必喇沙	塔斯哈毕拉	栖息众多虎类动物

130

第二节 满洲氏族传承的满族老姓

满族先民有1110多个姓氏,多以地名为姓。怎么才能找到自己的老姓? 一是从现在的姓来对比寻找,二是从家族中的家谱和老人中去了解、询问。

找到老姓以后,怎么起个满族式的名字? 可在名字前冠以满姓,如王京生,起满名为完颜·京生。也可以起个有寓意的名字,满族习俗称名不举姓,起了满族名以后,在书写时用全名,称呼则可以仍用原来的名字。现参考《八旗满洲氏族通谱》及满学家金启孮先生有关京旗满族冠名记录,结合赵力等专家关于满族老姓及名字的研究,整理选择出满族式男性、女性名字80例,供满族后裔选择。

满族老姓	冠 姓	满族老姓	冠 姓
爱新觉罗	赵、肇、金、海、洪、满、罗	伊喇	刘、李、王、肖
伊尔根觉罗	赵、伊、佟、顾、席	西林觉罗	西、奚、郗、鄂
瓜尔佳	关、汪、白、石、鲍、侯	伊喇	刘、李、王、肖
舒穆禄	舒、萧、徐、郑、米、耿、孙、施	萨其勒	英、隗、李
栋鄂	董、赵、何、席、成	巴雅拉	巴、白、富、保
赫舍哩	赫、贺、何、高、康、英	布尼	布、于、卜
乌雅	吴、乌、穆、包、朱、牛	鲁布哩	鲁、卢、吕
萨克达	常、苍、骆、陈	富察	富、傅、庆
喜塔腊	祝、奚、图、文、祁、喜、秦	乌扎库	吴、乌、阿
伊拉哩	伊、苏、樊、靳、廖、潘	叶赫那拉	叶、那
纳喇	那、南、叶、白、康、佟	乌库哩	商、刘、乌、李
尼玛察	于、鱼、杨、张、余	穆尔察	穆、吴、朱

满族老姓	冠 姓	满族老姓	冠 姓	满族老姓	冠 姓
尼阳尼雅	白、保、年	瑚图哩	福	马佳	马
乌苏	穆、吴、朱	尼佳	倪	都哩	强
锡克特哩	西、锡、石	墨勒哲呼	孟	康仪哩	康
钮祜禄	郎、钮	扣德	寇	瞻楚珲	詹
虎尔哈	胡、陈	叶赫勒	叶	扎思瑚哩	查
那木都鲁	南、那、凌	乌扎喇	吴	格济勒	葛
弼噜	毕、异	温彻亨	温	魏车勒	魏
佟佳	佟、童	托和罗	陶	布雅穆	阎
瑚锡哈哩	胡、关、石	伊穆	杨	哈斯胡	哈
哈思呼哩	韩	聂格里	聂	吉尔吉	吉
舒舒觉罗	舒、赵、鄂	崔穆鲁	崔	鄂绰罗	荣
塔塔喇	唐、谭	墨尔哲勒	孟	费莫	裴
扎库塔	石、张	梅和勒	梅	嘉布塔喇	贾
赛密勒	赛、柴	额尔吉	边	西尔拉特	胜
宁古塔	宁、刘	萨哈尔察	萨	洪吉哩	洪
广佳喇	黄、广	图布苏	图	图们	万
阿克占	雷、战	组佳	祖	图克达	杜
都善	都、单	富思库	冯	莽佳	麦
索绰罗	索、曹	孔果洛	孔	珠锡哩	朱
布尼	布、于、卜	崇吉喇	丛	扎拉哩	张
辉发那拉	张	楚库勒	楚	伊勒们	历
敖拉	敖、单	精格哩	景	额勒赫	安
裕瑚鲁	于、娄	乌林答	蔡	富尔库鲁	瑞
扎库塔	石、张	库雅喇	胡	赛密呼	赛
萨哈连	黑、萨	绰克秦	初	宁涉哩	宁
完颜	王、汪、粘	锡霍特	石	喀尔拉	熊
德都勒	德、邓	苏拉喇	谢	扎雅扎喇	夏
佛多锡墨哩	柳	松阿哩	宋	莫尔齐哩	莫

第三节　满洲氏族成员称谓的传承

一、对男性成员的称谓

爷爷称萨格答玛法，大爷爷称阿姆巴，小爷爷称费安古，父亲称阿玛，伯父称塔答，叔叔称额齐克，堂叔称扎勒黑额齐克，堂伯称扎勒黑塔答，堂姑称扎勒黑，大堂伯称扎勒黑阿姆子。对平辈的称谓：哥哥称阿哥，堂弟称扎勒黑突，堂兄称扎勒黑阿。对下一辈的称谓：儿子称哈哈子，侄子称扎勒黑珠伊。对下两辈的称谓：孙子称奥莫洛珠伊，堂孙称扎勒黑奥莫洛珠伊。

二、对女性成员的称谓

祖母称奶奶（与汉语相同），伯祖母称阿姆巴，叔祖母称费安古。大姑奶奶称阿姆巴，小姑奶奶称费安古姑。大姑姑称阿姆巴。母亲称额娘，伯母称阿姆巴娘，叔母称乌合莫。对平辈的称谓：嫂子称阿嫂，姐姐称格格，妹妹称奴恩，弟妹称乌合合，堂嫂称扎勒黑阿嫂，堂弟妹称扎勒黑乌合合，堂妹称扎勒黑奴思，堂姊称扎勒黑。对下一辈的称谓：女儿称萨尔甘追，儿媳妇称乌伦，侄女称扎勒黑萨尔追，侄子媳妇称扎勒黑乌伦。对下两辈的称谓：孙女称奥莫洛萨尔甘追，孙子媳妇称奥莫洛乌伦，侄孙子媳妇称扎勒黑奥莫洛乌伦，堂孙女称扎勒黑奥莫洛萨尔甘追。

三、对外亲氏族成员的称谓

外祖父称姥爷，外祖母称姥姥。大姑爷爷称阿姆巴姑玛法，岳父称阿玛，大姑父称阿姆巴姑爷。对平辈的称谓：姐夫称额附，姊夫称莫押，表姐夫称额思昆子额附，表妹夫称额思昆子莫押。对下一辈的称谓：女婿称霍作宏，侄女婿称扎勒黑霍作宏，堂侄女婿称扎勒黑额思昆子霍作宏。对下两辈的称谓：孙子女婿称科罗奥莫洛霍作宏，侄孙子女婿称扎勒黑科罗奥。

四、现满族氏族成员的称谓

尚有人称母亲为讷讷，父亲称为阿玛。普遍对外亲的称呼为姥姥、姥爷。汉族和兄弟民族同胞喜称满族妇女为格格，男性称为阿哥。对于下一辈的称谓：男孩爱称为小阿哥，女孩称为小格格。

第四节　满族阿哥的名字英武轩昂

名　字	寓　意	名　字	寓　意
阿克敦	结实	喀达喇库	奋勇前进
莫德里	大海	肯色	英明果断
松甘	贤明睿智	和伦泰	威武
额图珲	强壮	格图肯	条理明晢
硕翁科罗	海东青	阿尔萨兰	狮子
额尔德莫	才德	页博肯	果断英俊
额腾伊	强盛	达春	敏捷
达巴里	超越	扎哈里	小石子
德克志毕	成长	岳洛	镞矢
德恩	高大	阿布凯茂林	天马
隆古	雄貂	喜吉尔珲	正直
安巴灵武	大方、魁伟	苏勒	贤明聪睿
勒尔甘	容貌轩昂	丰森	福禄
雅尔哈齐	豹皮	诸尔刚阿	有义气
谷鲁	朴实无华	恩绰	宽宏
色尔敏	地弩(打牲用)	雅奇	箭罩
果兴阿	有仁爱心之人	宜勒图	显赫
季喇泰	真实	景额	廉洁可钦
穆彰阿	小树熊	哈郎阿	好男孩

名　字	寓　意	名　字	寓　意
霍尼黑	小树熊	满柱	高贵者
祝敦	大山的脊梁	叶佛肯	英俊
乌尔黑崇阿	大智慧	霍腾	豹鹰
塔布里	飞速的一瞬间	嘎尔阿	晴空

第五节　满族格格的名字贤淑聪慧

名　字	寓　意	名　字	寓　意
哈宜呼	袅娜多姿	和卓	姿容俏丽
尼楚赫	珍珠	费雅汉	玛瑙
松格哩	优雅	噶哩	伶俐
日吉纳	杜鹃花	赫吉哩	美人菊
茵德赫	兴旺	卓克陀达	百合
丰筝额	幸福	丰克哩	慧兰
达哈苏	和顺	佛尔郭春	灵智聪明
佛苏哩	芙蓉	毕雅	月亮
吉兰泰	慈爱	格佛赫	蝴蝶
阿尔逊	根芽	僧吉谟	友爱亲睦
博和哩	豌豆	噶芦黛	凤(灵鸟)
阿楚珲	和睦	佛尔绳	灵智聪明
舍雁谷	白玉	鹏莨	温柔娴静
尼莽吉	雪	萨穆苏	翠蓝色布
果西楚喀	可爱	吉勒塔珲	光彩辉耀
更甘图吉	青云	舍里穆克	泉水
乌勒登	晨光	松珂哩	兰花
萨贝	吉祥	阿思海	翅膀

名　字	寓　意	名　字	寓　意
佛尔果楚克	珍奇之宝	喇布杜	广博
乌尔格伸	小鹿	宁阔里琦克	报春鸟
尼杨琦琦	金丝兰	嘎鲁玳	凤凰
雅利奇	小甜果	乌尔登格	朝阳之光
塔娜	宝珠	穆图尔贺	海燕

结雅河，满语为精奇里乌拉

海参崴，满语奇集葳子

布列亚河，满语为牛满江

呼玛河，满语为呼玛尔比拉

第七章　高雅庄重的满族文化

沈阳满族同胞欢度颁金节

　　满族经历了数百年历史的发展过程。在这个发展过程中，满族文化始终处于相对的变化发展之中，这种变化是满族文化丰富繁荣的一种表现。如果我们按照满族发展的轨迹追索，就会发现满族所建筑的这座文化殿堂具有多么动人的魅力，它的绚丽色彩正在于它保持本民族文化的同时，吸取了其他民族文化的不同色调，因而也就变得更加雄伟壮观，满族的明天将会更加灿烂辉煌。

——引自辽宁民族出版社《中国满族通论》

第一节　吉祥满族颁金节

上海市静安区、南通市、华东师范大学各民族同胞共同欢度2015年颁金节、那达慕联欢会

"颁金"一词为满语,为"诞生、出生"之意。这一节日是满族聚居地及散居在大陆及香港、台湾和海外的满族同胞共同的民族节日。

顺治元年(1644年),清王朝入主中原。清政府采用了适度开明的民族政策,在制订各类节日时,并没有确定满族特有的节日。

1912年,辛亥革命中一句"驱除鞑虏,恢复中华"的口号,使满族人民遭受到民族歧视,在当时连族属都不敢报的社会情况下,是不可能奢望有本民族的节日的。

1952年12月7日,中共中央统战部发出关于满族是否是少数民族的意见书,明确指出满族是我国境内的一个少数民族。随着国家的民族政策的贯彻落实和具体体现,满族同胞的民族心理和民族感情得以表达,纷纷回归族属。据1990年上海市人口普查资料显示,满族人口登记达到4236人。全国的满族人口登记则达到982万人。

1984年,第六届全国人民代表大会第二次会议通过中华人民共和国民族区域自治法。此后,国务院先后批准在满族聚居地设立了13个满族自治县,340个满族乡,并在东北开办满族中学、满族小学,在大中院校成立满学研究中心。满族人民的精神生活与物质生活日益丰富,满族同胞开始自发地寻找属于本民族的节日。据辽宁大学历史系教授、沈阳市政协委员徐恒晋先生考证,天聪九年(1635年)农历十月十三日,清太宗皇太极颁发谕旨,昭告天下:"我国原有满洲、哈达、乌喇、叶赫、辉发等名,向者无知之人往往称之为诸申,夫诸申之号乃席北超墨尔根之裔,实与我国无涉,我国建号满洲,统绪绵远,相传奕世,自今以后,一切人等只称我国满洲原名,不得仍前妄称。"据此,辽宁大学满学研究中心专家学者提议,以每年农历十月十三日为满族的节日,这一提议得到当地政府民族部门的认可,初定"满族命名纪念日"。至20世纪80年代后期,经国内满族知名人士多方讨论协商,定"颁金节"这一名称。

从此,每逢农历十月十三日,在国家政府及文化部门的关心下,聚居在东北和散居在上海、天津、成都、广州、内蒙古、新疆、云南、浙江、湖北等各地的满族同胞喜气洋洋,欢聚一堂,或举行隆重的萨满祭祀,或自发地举行各种形式的欢庆联谊活动,庆祝自己的民族节日。在新疆维吾尔族自治区,满族"颁金节"成功申报为自治区非物质文化遗产项目。每逢颁金节时,居住在察布查尔锡伯族自治县、伊宁市潘津乡的3000多名满族同胞,与兄弟民族同胞一起,欢天喜地庆祝自己的节日。散居在国外及港、澳、台地区的满族同胞也常在节日期间组团赴大陆,回到白山黑水寻根问祖,省亲祭陵。

2014年,复旦大学民族研究中心、华东师范大学民俗学研究所、吉林省满族说部学会、上海颁金文化工作室、海东青文化研究会、上海电信西区公司静安分局联合于11月29日联合举办《建设民族大家庭共有精神家园——上海城市民族与民俗文化"颁金节"研讨会》。研讨会在复旦大学光华楼举办。研讨会由国家长江学者、复旦大学民族研究中心主任、复旦大学人类学民族学研究所所长纳日碧力戈,华东师范大学统战部副部长、民俗学专家、上海市民宗委员特聘专家安俭主持。

华东师范大学民俗学研究所所长王晓葵点评道:过去我们都知道上海的城市名片是海派文化、国际大都市。今天海东青文化研究会、颁金文化工作室所展演的民族民俗文化,很清新,让我们看到了上海城市少数民族文化的亮丽风采,让我们看到了上海又拥有了一张中华民族大家庭多元文化的一张名片。从上海颁

上海城市民族与民俗文化"颁金节"研讨会

金节的文化现象中，我们可以看到丰富的民俗文化，从各民族的歌舞表演，到颁金节的讲座，其包含了多民族的文化元素，这也正是我们现代民俗学的新视野所要关注的，当今的社会在发展，文化在发展，我们的民俗学研究也在发展，作为日益受到重视的城市民族民俗文化研究，上海的颁金节文化是上海城市民族民俗文化中，值得我们去关注和研究的一个重要学术课题。

纳日教授在总结中说到：上海满族的颁金节，源自满族，但其内容却含多民族文化的融合，随着这个融合体共同成长并延伸到社会层面上，如颁金文化工作室组织乍浦保卫战170周年、镇江保卫战英烈祭等，那是满、蒙、回、藏、汉等各民族同胞共同爱国爱家的爱国主义活动；"跨越海峡两岸的文化融汇"的新书首发、采风影记展等又连接海峡两岸，这个颁金节文化的延伸，体现了中华民族大家庭成员在"千灯互照，光光交彻"中以文化的交往、交流、交融，达到"各美其美，美人之美，美美与共"，并由此寻求精神大同和价值共生的文化境界。

上海市民宗委特聘专家、华东师范大学统战部副部长安俭在总结中说到：颁金文化工作室根据满族文化与各民族历史文化皆有关联的特性，注重满族文化与各民族文学、民族艺术、民俗文化研究和应用，他们开展的民族节庆活动，有满族、蒙古族、回族、汉族及其他少数民族同胞参加，有各民族文化音乐艺术的展现，还与爱国主义教育结合，通过这种多民族文化融汇的元素，也进一加深了民族团结的凝聚力。

颁金团聚歌

徐演 词
关庄 曲

```
1=♭E  2/4
欢快热烈地

(3  3│33  3│22 332│11 05│5  5│55  5│22 332│11 05)│

i —│i —│21 i│i  6│5 —│5·i│65 5│5 —│
颁 金， 颁 金，   颁 金， 颁 金，

‖:33 2│33  5│22 332│11  0│55 3│55  6│22 332│11  0:‖
颁 金， 颁 金， 颁金颁金， 颁 金， 颁 金， 颁金颁金， 颁金。

‖:5  32│55  56│11 2│16│5 —│5  32│5  56│11 2│16│5 —:‖
亲 爱的父老同胞兄弟 姐 妹，   请 记住这个 吉 祥 的 日 子。
这 是 满 族 命 名 的 日子，   这 是 满 族 团 聚 的 日 子。

‖:33 2│33  5│22 332│11  0│55 3│55  6│22 332│11  0:‖
颁 金， 颁 金， 颁 金，颁金， 颁 金， 颁 金， 颁 金，颁金， 颁金。

i· 16│i 3·56 i│6  5│35 235│6│11 13│2 —│
爱 国爱 家 我们团结 奉  献，优秀传统薪 火 代代相  传，

i· 16│i 3·56 i│6  5│35 235│6│32  6│1 —│
爱 国爱 家 我们团结 奉  献，优秀传统薪 火 代代 相  传，

‖:3 —│3  55│11  6│5 —│5  55│11  6│5 —│15 32│
(乌  咧咧， 乌咧  咧，    乌    咧咧，乌咧  咧，   乌咧 咧

1 53│2 —│2 —:‖:33 2│33  5│22 332│11 0│55 3│55  6│
乌  咧 咧。)       颁 金， 颁 金， 颁金颁金， 颁金。 颁 金， 颁 金

22 332│11  0:‖│i  i│i  21│i i·│i —│i  66│i  0│
颁金，颁金，颁金。  颁 金，颁 金，颁金，     颁金， (乌咧 咧!)
```

《颁金团聚歌》满汉双语歌词

颁金,颁金

banjin, banjin

颁金,颁金

亲爱的父老同胞兄弟姐妹,

senggime haji hefelingguusa.

僧尼摸　哈吉　喝佛零固撒

请记住这个吉祥的日子,

ere sain inenggi be ejeki.

额勒　赛音　依能尼　波　额遮奇

这是满族命名的日子,

manju gebulebuhe inenggi.

满诸　格布勒布赫　依能尼

这是满族团聚的日子,

manjusa isara inenggi

满诸萨　依萨拉　依能尼

颁金,颁金

banjin ,banjin

颁金,颁金

爱国爱家,我们团结奉献,

gurun haira,boo haira,muse falime alibure,

固伦海拉,包海拉,木色　发立摸　阿立
布勒

优秀传统薪火代代相传。

Fulu sain tacin jalan jalan de ulabumbi.

富陆　赛音　塔沁　扎兰　扎兰　得
乌拉不米。

本溪满族同胞

抚顺满族同胞

大连满族同胞

丹东满族同胞

伊犁满族同胞

伊通满族自治县满族同胞

北京满族同胞

天津满族同胞

承德满族同胞

哈尔滨满族同胞

上海满族同胞

吉林满族同胞

兰州满族同胞

沈阳满族同胞

满族网友庆祝颁金节东陵祭祖

长春满族同胞

杭州满族同胞

广州满族同胞

云南满族同胞

湖北荆州满、蒙同胞

新疆满族同胞

萨满·萨满

第二节　满族说部传千秋

笔者拜访宁安满族大萨满傅英仁先生

拜访著名萨满文化学者富育光先生

满族说部是非常珍贵的文学遗产。过去我们往往更注重的是用文字、书本等教育方法传授的知识，实际上不然，不论是对每个人还是全人类来说，口传心授的知识也是非常重要的……黑龙江以北的故事有世界意义，已经不是我们自己的事情，是人类文化遗产，非常重要。

——中国社会科学院研究员、中国民族民间文化保护工程
专家委员会主任　刘魁立

多年来，民族文化界一直传闻满族民间曾有大量风姿各具的长篇说部作品的传承，然而，由于种种社会历史原因的影响，此类作品在满族民间或濒临消亡或业已散佚和湮灭，发掘与整理工作异常艰难，以致被视作学界之畏途。吉林省人文科学研究界锲而不舍的努力，使满族说部民间传承中的瑰宝得以重见天日，为满学、民族文艺学乃至人文学科多门类多方面的学术工作，提供不可小视的研究标本。

——中国社会科学院民族文学研究所编审　关纪新

满族传统说部以恢宏的气势，跌宕的情节，朴素的语言，讲述氏族兴衰盛亡的

历史,歌颂祖先的英雄业绩,它是满族及其先世民间文学的精粹,我国传统文化遗产的瑰宝,是珍贵的历史文化记忆。

——中国戏剧家协会研究员、中国民族民间文化保护工程

专家委员会委员　曲六乙

满族说部是女真——满族独创的口耳相传的长篇叙事文学,再现了这个伟大民族的英雄业绩和心路历程。它作为"口头非物质文化遗产"代表作的出现,对于中国文学的学科建设有着巨大的现实意义和深远的历史意义。满族说部的抢救和研究还将为保持我国与人类文化的多样性、充实我国与人类的非物质文化遗产宝库作出重要贡献。

——辽金文学和北方民族文化专家、吉林省社会科学院研究员　周惠泉

满族说部,是满族口头传承的民族文学,是满族历史文化的一部百科全书。古代,满洲先民以符号为文、结绳记事,由萨满口传氏族故事,现称为满族说部。满族说部有"包衣乌勒本(家谱、家史)""巴图鲁乌勒本(英雄传)"等。"包衣乌勒本"在一些姓氏谱牒和萨满神谕中保存着,由萨满在氏族内部较小范围传颂。"窝车库乌勒本"是由萨满讲述并世代传承下来的萨满神话与历世萨满的事迹,俗称"神龛上的故事"。这些故事历史久远,蕴涵史实,弥足珍贵地绘制了风起云涌的满族历史画卷。

满族说部以说为主,或说唱结合,说唱时用满族传统的以蛇、鸟、鱼、狍等皮蒙的小花抓鼓和小扎板伴奏。世代萨满口传的说部里,有人类黎明时期的原始生命科学理念,如"天宫大战"讲述人的生命是从水中诞生,这一理念已为现代科学所证实。说部里神圣的萨满祭祀神歌、神词里,还传承着族源从那里来的史话、为古代环境保护而规定的族规祖训,延续着族群在大森林里的生存。

清王朝入关后,满族说部仍然在宫廷和满洲氏族中流行,黑龙江流域的郭和乐氏大萨满还时常专程被招进宫,给慈禧太后讲满族说部。作为满族口传文学,说部给予满族作家丰富的营养河创作灵感,在满汉文化进一步融合的历史里,满族正白旗人曹雪芹创作的文学巨著《红楼梦》、文康创作的《儿女英雄传》、纳兰性德的词等就饱含着丰富的说部传承的民族文化和萨满文化。

萨满·萨满

中华人民共和国成立后，满族说部在黑龙江边远地区仍然存在，直至20世纪80年代，还有氏族的老人能够以满语讲述。以满族文化为内容的出版物有《满族文学创作》，满族籍的著名作家和剧作家有老舍、曹禺、端木蕻良、马加、舒群、曹又芳、柏杨、郭小川、柯岩、王朔、赵大年、叶广芩、关仁山、俞智先等，满族文学研究的著名学者有关纪新、郎樱、赵志忠等。

2001年，满族说部列入国家非物质文化遗产保护项目，《乌布西奔妈妈》《黑水英雄传》《雪山罕王传》《萨布素将军传》《东海窝集传》《天宫大战》等40余部满族说部由吉林人民出版社历时七年的时间整理，并出版、发行。传承满族萨满文化的说部拂去了历史的尘埃，辉煌再现人世，成为有文字记录，世代相传的民族文学瑰宝，闪烁着中华民族多元文化中壮丽的人文光辉。

女真说部传承人马亚川

荆文礼（左）采访赫舍里说部传承人何志远

乌拉神鼓传承人关云德

笔者出席吉林满族说部成立大会

摄影：靳　宏

第三节　渔猎骑射巴图鲁

　　满族是发祥于白山黑水的渔猎民族，在狩猎和捕捞的生产劳动中，非常注重骑射，崇尚巴图鲁。在部落举行野祭、祭天等萨满祭祀活动里，常有射柳比赛。在选拔穆昆达（族长）时，还要举行斗兽比赛。在许多部落里，还建有野猪圈、牛鱼池等，关上野兽用以给年轻阿哥训练捕猎的本领。古代，在欢庆狩猎和捕捞丰收之余，族人们常欢聚在一起"比试比试"，因此，产生了许多现代体育运动的雏形——

　　珍珠球：如阿哥和格格们在陆地上分水区、威虎（船）区，以皮或布包比作大颗珍珠，有的攻，有的守，尽相往鱼篓里投，谁采的"珍珠"多就表示吉祥，投中者预示着未来能采到更多的珍珠。因此，满族式"采珍珠"的篮球运动诞生。这项满族式的篮球运动比诞生于加拿大的詹姆士·奈史密斯于1892年在美国春田市青年会体育学校创编的篮球运动早了200多年。清王朝入关后，这项运动传入京畿、承德等地一带。

　　冰上运动：古代，东北地区苦寒，自从金代发明了木滑子，开始有了冰上运动的雏形。清代，每到冬季，八旗要开展大型的冰上活动，入关后，每年都要到承德围猎。这些活动和现代野营拉练一样，是为了锻炼八旗部队的骑射能力。

清代八旗部队摔跤比赛

　　摔跤：满语为"布库"，蒙语为"布克"。八旗子弟作为国家军人，一向崇文尚武。清代曾专门设有善扑营，摔跤高手皆为八旗经营，有的担任京城护卫，也有的为皇帝护驾。至今在北京郊区的

萨满·萨满

2008年哈尔滨市少数民族运动会　摄影：计守忠

满蒙后裔中仍有传承。如北京怀柔喇叭沟门、长哨营和汤河口三镇乡的撞拐王争霸赛、二贵摔跤，北京密云满蒙檀营乡的檀威摔跤队等，这类传统体育项目已成为檀营乡重要的文化品牌之一。在民间一直沿袭至今，并成为国家和民间体育及重大活动的表演项目，珍珠球在满族聚居地复兴，并成为国家少数民族运动会和国家高等院校的体育比赛项目。

满族武学：清王朝进关后，源于满族渔猎生涯的骑马、射箭、摔跤、举重、刀术等成为八旗兵的训练项目，成为清代武举考试等的内容，据史料记载，满洲佟氏家族部分编入镶白旗，为达春牛录（达春满语为：勇猛、神速、武功高强之意），属特战部队，旗下所传武功为佟氏罕王功法，如罕王拳法、罕王神行掌、罕王刀谱、罕王钩刀刀谱、罕王马棒、罕王天聪剑等，因此，满族武术门派——"罕王门"满族武学形成，满族佟氏是创造和传承的佼佼者之一。其传承人为辽东总兵佟登、佟关宝、佟继煦等，所续功法有"桩、步、拳、掌、刀、棒、剑、钩刀，梨花刀，追风枪，双手带等"。即据伏于虎豹的高超力技，也含有技击手段和超强实用克敌功法，是中国少数民族武术的文化代表之一。现由辽宁省自由搏击研究会副会长、罕王武学研究会会长、罕王门掌门人、武术六段佟生武承继传承，他多次参加区、市、省、国家、国际等武术比赛，均取得优异成绩，获得优秀教练员奖。金牌、银牌若干，并被授

予"辽宁省首批民间武术家"、"中华武术名人"、"孙氏太极拳大师"、"满族非物质文化遗产传承人"等称号。

满族莫勒真大会：又称"满族莫勒真运动会"，是我国满族人民的盛大节日之一，历来得到东北满族人民及地方政府的重视，现哈尔滨每两年举办一次。大会竞赛项目有珍珠球、狩猎、赛威呼等，表演项目有武术、骑马战、跳骆驼等。

第四节　萨满神歌舞蹁跹

满族舞剧《白鹿额娘》

满族是一个能歌善舞的民族，歌舞形式源于早期的萨满祭祀。

歌，满语为乌春，舞蹈，满语为玛克辛。霍洛浑和霍洛昆是族众爱戴和祭祀的歌舞女神。

古代的满族先民，常在冬春、夏秋之际举行隆重的萨满祭祀。古老的满族萨满祭祀中就有众多丰富多彩的满族民间歌舞，既祭祀祖先神，也娱神娱人，古称东海莽式十八折。据《柳边纪略》记载："满洲有大宴会，主家男女必更迭起舞，大甩举一袖于额，反一袖于背，盘旋作莽式，中一人歌，众皆以空齐二字和之。谓之空齐。"

清王朝进关将东海莽式带入宫廷，既应用于国家大典，也在皇家礼仪中盛行。康熙四十九年（1710年）正月，孝庄皇太后七旬万寿，贵为天子的康熙皇帝亦亲自舞蹈为皇太后祝寿。谕礼部："玛克式舞，乃满洲筵宴大礼，典至隆重。今岁皇太后七旬大庆，朕亦五十有七，欲亲舞称觞。"

改革开放以后，为了挖掘和继承满族民间舞蹈，丰富中华民族的艺术宝库，1988年，由黑龙江省艺术研究所主持，黑龙江流域大萨满世家传人、大萨满傅英仁开设满族舞蹈班，培训学员70名，传授了他倾注全部心血的东海莽式、扬烈舞、巴拉莽式（野人舞）、拍水舞等满族民间舞蹈，并拍摄成专题片纳入国家舞蹈集成。

1999年，在上海举行的首届国际艺术节上，辽宁歌舞团隆重上演满族神话舞剧《白鹿额娘》，剧中优美动听的满族民间音乐，如梦如幻的舞台布景，神奇亮丽的满族服饰，精美流畅的满族民间舞蹈语汇，独特朴实的满族风情，为人们讲述着流传在白山黑水的满族民间故事。剧中满族母亲的博大爱心，感人肺腑，催人泪下。剧中满族民间故事的神韵令观众如醉如迷，博得剧场内掌声如潮。

至今，东海莽式十八折已演变为东北大秧歌，在东北许多城市广场和公园里，常有男女老少组成的秧歌队敲锣打鼓地欢乐歌舞。深具其神韵的抚顺满族秧歌、福建琴江满族八旗水师营后裔的"台阁"戏经国家批准成为非物质文化遗产项目。萨满祭祀里的二神表演、神歌吟唱的形式已与多元文化融合，成为走遍全国的东北二人转。萨满鼓的韵律则演变为八角鼓、东北大鼓、京韵大鼓、梅花大鼓等曲艺的音乐瑰宝。萨满面具则在清代进入宫廷舞蹈系列，并演化为京剧脸谱的元素。

大型场景剧《赫图阿拉赞》

福建琴江八旗水师营后裔的"台阁"戏

丰宁满族自治县舞蹈演员赴美国演出

　　流传至今的萨满神歌已成为满族民歌,有摇篮曲、儿歌、情歌、劳动歌、风俗歌、山歌、小调、喜歌及战歌、叙事歌,等等,这些民歌深含丰富的民族生活和文化遗存,音乐也独具特色,是东北音乐的重要元素,是中华民族音乐殿堂的宝贵财富。

　　2010年10月25日至11月6日,丰宁满族自治县宣传文化中心的满族舞蹈演员随"多彩中华"中国民族服饰展演团赴美展演,她们用自己精湛的满族舞蹈和华美的满族服饰,在美国掀起了一股满族旋风,让美国民众为之着迷。

第五节　温文尔雅礼仪美

　　东北民间有句俗话——"满族礼大"。是的,满族是个很重礼仪的民族。满族古礼有打千、顶头礼、抱见礼、碰肩礼、拉手礼等。这些礼节,在闻名于世的满族作家曹雪芹、文康、老舍等人的作品里,都可以看到。

　　碰肩礼:是满族特有的主客大礼。源于早期先民渔猎相逢时,相互碰肩,以示友好。后来用于男客到满家做客时,男客同男主人一肩外侧彼此相擦,以示致意。

辽宁辽中县蒲河村密雅纳支觉罗红带子满族举行家祭,格格和福晋们向长辈致摸鬓礼

　　打千礼:是很重要的日常礼节。以前,一般满族人家对老人都有三天请小安,五天请大安的礼俗。这个礼俗对于身为满族人的皇帝皇后来说也不例外,他们虽贵为天子国母,也天不亮就要起床,去给皇太后请安。

　　满族的请安礼有男女之分,根据对方身份而施。男请安礼施与长辈:左腿前屈,右腿后蹲,左手扶膝,右手下垂,头与身略向前倾,口念"请××大安"。若施与平辈:右腿稍微弯曲,右手自然垂直于右膝,呈半跪姿势而行。

　　满族妇女行的请安礼也称之为摸鬓礼。行礼时,以右手指从眉上额头至鬓角连抚三下,然后点头注视对方。新媳妇过门第一天拜见婆婆时,就要跪在地上,给她老人家行礼,然后,拿一朵珠花插在婆婆的头上,这就意味着,她开始了新媳妇的生活。

　　随着时代的变化,满族古老礼节为现在的鞠躬、握手取代。但是打千礼、摸鬓礼依然传承着。那庄重优雅的打千礼,婀娜高贵的摸鬓礼,还是满族舞蹈和文艺节目表演的优美舞姿。

　　清王朝进关后,满洲八旗军人和眷属作为国家军队去往祖国各地驻守边防海疆,但敬老的叩拜礼节仍在民间存在,在福建琴江八旗水师营里,一间间当年的营房,祖宗板仍高悬,祖先的灵位、画像仍在。逢老人生日,家人们从海外他乡归来,欢聚一堂,跪拜叩头,衣服乡情融融之景,演绎着满族的淳朴风俗。

清代宫廷礼节
（满洲塔塔喇氏唐石霞绘　藏于台湾）

旗人相遇拉手礼

路遇老人的下马礼

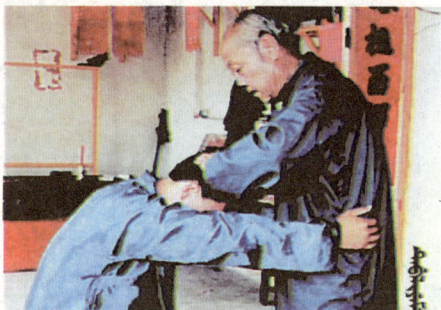

满族抱腰大礼

第六节　满族餐饮光耀中华

　　满族餐饮文化起源于满族狩猎生涯。时人们以狩猎和采集为生,喜吃狍、鹿、野猪、野鸡、哈什蚂、大马哈鱼、鳇鱼等猎物。采集的山菜有木耳、猴头、婆婆丁、厥菜、小根蒜、柳蒿等。

　　烧煮食物的方法有以下几种:

　　一、烧烤和以猎物胃为"锅"。在野外狩猎时,点起篝火,架上三根木杆的篝火架,环火而坐,或直接烧烤,或以桦树皮做成的水桶取河水,以鹿、狍等动物的胃为锅吊在三脚架上食。这一饮食方式由满洲索伦部保留至狩猎生涯结束。

　　二、以石为"火"。在桦树皮桶里放上多半桶水和肉,把烧热的石头往返扔入其中数次，肉熟了即可食用。

三、就餐的习俗。由于先民捕鱼打猎在山中，常选一块石头或平地，在上面铺上一块兽皮，蹲在地上打尖吃饭，为防风吹卷，就以小石头四块压桌角，尔后，就有了满家以四碟小咸菜压桌的民俗。

女真使鹿部后裔鄂伦春人的"胃煮法"

尔后，满族先民有了陶罐代锅，至金代开始以三足铁锅煮食物，火锅诞生。明末，明王朝屡派大军清剿女真人，努尔哈赤带领部下在行军打仗途中，就命八旗将士把猪、羊、牛肉等放在一口锅内烧煮，称为"埋锅做饭"，保证了萨尔浒等战役参战部队的快速行军和战略性转移，取得了决定性的胜利。由此，满族饮食方式成为军事史上的一部分。据河北承德市满族民俗饮食文化研究会会长乔彦明介绍，满族饮食方式皆以生拌、炖、煮为主，属于天然、绿色健康的饮食方式，造就了满族先民健康的体魄，聪明智慧的思维和生存方式。努尔哈赤起兵后，满族餐饮向军粮制转变，每当战前，将士们自备马匹、弓箭，携带妻子或母亲制作的干粮行军作战，满族八旗军演练由此发源，至康熙年间，全国大定，部队进入和平年代，每年八旗部队往承德地区军事演练兴起，时康熙帝皆带御厨随驾至承德，根据各部队军演成绩，将所获猎物以八大碗分别奖赏赐宴，席间以碗吃肉、喝酒，满族八大碗初步形成。康熙四十六年（1707年），康熙帝命乔家祖上落户承德，专司御膳八大碗，从此，八大碗成为热河府皇膳御菜，从此，满族传统的狩猎饮食方式由军演餐饮而成为著名的为满族宴会八大碗。据《满族旗人祭礼考》记载：宴

清廷关外紫禁城——沈阳故宫大宴会

北京紫禁城大宴会

会则用五鼎、八盏，俗称八大碗，年、节、庆典、迎、送、嫁娶富家多以八大碗宴请。八大碗在选料、制作上保持了满族特色，集中了扒、焖、酱、烧、炖、炒、蒸、熘等所有烹饪手法，成为即是皇室的宫廷佳宴，又是满族民间八大碗的名菜。

满族人忌食狗肉。在满族先民们狩猎和采集生涯中，轰赶猎物是狗，猎物被射伤了，要由狗去最后夺取；采集时在山里迷失了方向，要由狗来领路返回采集点或居住村落。所以，满族人敬狗，不吃狗肉，不穿戴狗皮做的衣帽。

满族喜食大酱、新鲜的生菜，喜欢吃猪肉。自肃慎时，满族先民就驯养野猪，并"多蓄猪，食其肉"。最爱的吃法是"猪肉血肠""酸菜炖白肉"，是东北闻名遐迩的特色菜——杀猪菜。满族有渍酸菜的习惯，初冬将大白菜用热水烫过，放进缸中，用石块压实。这是冬季的主要蔬菜。

承德"满族乔家八大碗"的满族文化

满族喜吃粘食，有许多风味小吃和种类繁多的点心。如酸汤子、波罗叶（柞树叶）饽饽、苏子叶干粮、黏豆包、粘火勺、萨其玛、驴打滚等。天津"果仁张"的美味果仁是著名中华老字号满族食品。

满族人喝酒最早是"糜儿酒"

丹东宽甸满族自治县河口万年春酒店墙画

"果酒"。850年前，金代太一道鼻祖萧抱珍，把炼丹术发展到蒸馏酒，用泉水为皇帝酿酒。从此，蒸馏酒在黑龙江阿城玉泉镇诞生。在满族酒中，最负盛名的为有300多年历史的中国满族第一酒——抚顺千台春酒业有限公司的"千台春""抚顺白""八旗酒"，另有河北承德的"大清猎酒""乾隆醉"及满族文物酒"道光廿十五"等。满族酒承载着满族文化走出国门，远销到韩国、俄罗斯等国家，扬名五洲四海。

20世纪80年代，旅游兴起，"满族八大碗""大清花饺子馆""赵记老铺""满族农家乐"等满族饭店成为人们去感受满族饮食文化的好去处，其中，满族八大碗成为主打菜系，成为满族文化旅游餐饮中一道美丽的风景线。在满族聚居地，多有以"满族八大碗"命名的饭店，满族餐饮企业在菜品的创设和饭店的装饰上都有浓厚的满族文化特色，如河北承德的乔家八大碗、哈尔滨的赵记老铺等，其所制作的满族点心精致典雅，秀色可人，所烹制的菜肴经典纯正，独具满族特色，更为值得赞赏的是，其餐厅的布置融历史与民族文化内涵，使人们在享受美味佳肴的同时，还观赏了一场满族文化的盛宴。

第七节　满族医药源起萨满

古代北方苦寒，土著满族先民没有医生，最恐怖的病是"山搭哈"，这种病后来被称作"天花"。还有就是大骨节病、皮肤病等。故在民间有专门治天花的神，

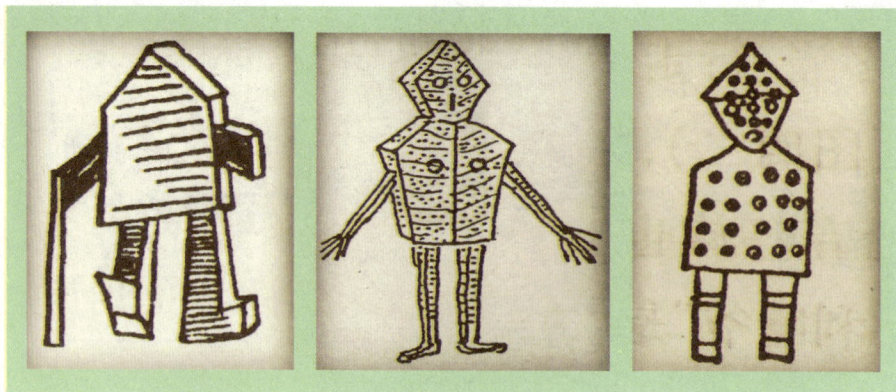

满洲萨满治病神偶:左起:托霍罗氏蛮尼神偶,盆顿蛮尼神偶,天花神偶

俗称为"山搭哈"妈妈。治疗癞疮病的神为"盆顿蛮尼",还有生殖女神"佛赫姆",生殖男神"楚楚阔",等等。

那么,氏族萨满是从什么时候开始给族众看病的?据黑龙江省瑷珲县大五家子村满洲萨满后裔郭霍洛美荣奶奶讲述,由满洲富察氏先贤富希陆、萨满学者富育光记录传承:是西林安班玛发最先用草药给族众治病的。后来在长期的渔猎生活里,氏族萨满就以森林动、植物为药,运用内气功、火灸、冰敷、推拿等法,配以祈神为族众治病。满族民间采集和使用的常用动、植物药约有二三百种,如人参,就是满族最早在长白山区发现的。

天花,曾经是世界上广为流行的烈性传染病。传染上这种疫病,每4名病人当中便有一人死亡,而剩余的3人虽生存下来,却在脸上留下痘痕,成为满脸"麻子"的人。"天花"是人类有史以来就存在的瘟疫。古代萨满对天花的危害早有认识,采用避痘方式,将病人送到远离部落的深山隔离,以避免部落遭到灭顶之灾。同时,还制神偶以佑护部落族人的生命安全。清王朝进关后,预防天花取得古代医疗科学的突破。康熙亲政后,听说武昌府通判傅为格善于为小儿种

满族先民采参图:摄于宁安依兰岗满族文化村

丹东召开首届满族医药国际论坛会议

痘和治疗，即下旨宣他进京为皇家子弟种痘，并下诏推广。至乾隆年间，有条件的人家十有八九都要种痘。因此，一直困扰人类的"天花"因有了古代的疫病防控手段和基本的社会医疗推广手段，为清代人口的繁衍带来了良好的基础，中国成为世界上人口众多的东方大国。清代的种痘法后传入朝鲜、土耳其以及英国等地，被世界上认为是预防传染病最有效的方法。1979年10月26日，联合国世界卫生组织在肯尼亚首都内罗毕宣布，全世界已经消灭了天花病，并且为此举行了庆祝仪式。在这一人类生命的历史进程中，中国人的医疗发明和清代中国政府的支持和推广，惠泽当代，普世民众，功不可没，垂传千秋。

自20世纪80年代改革开放以来，满族萨满文化中的满医满药元素，由现代医药企业研究开发成为中成药产品。丹东药业集团有限公司收集整理了上千个民间满药偏方，建立了满族医药产业基地，研发并生产出百余种满族药品。在国家重视少数民族医药事业的大环境下，《满族医药》已入列市级非物质文化遗产保护名录，丹东药业集团有限公司被命名为《满族医药》传承基地、非物质文化遗产保护名录项目传承基地，丹东市还挂牌成立"丹东市满族医药学校"，全力把丹东打造成中国满药之都。

国家民委民族团结考察团参观传承基地

王燕铭在上海世博会

满族萨满医药中治疗跌打损伤的推拿、接骨手法、膏药制剂等传承下来。齐中医骨科研究所所长苍恩利、哈尔滨"老王麻子膏药"与成都的"杜氏骨伤"就是著名的满医世家。2010年上海世博会，"老王麻子膏药"传承人王燕铭出席展演，成为海内外游客关注的亮点。

20世纪以来，中国涌现出许多卓有成就、享誉世界的满族籍名医和著名专家：

白希清（1904—1997）：辽宁新民人。著名病理学家、管理学家。1930年毕业于奉天医科专门学校。1933年至1935年留学英国，他首次解剖出完整的人体肾单位，对肾功能及肾病的研究具有重大价值。回国后，曾任协和医学院讲师、盛京医科大学教授、沈阳市市长、东北人民政府卫生部副部长。1954年后，历任中央卫生研究院副院长、中国医学科学院副院长、中华医学会第十九届名誉会长、卫生部医学科学委员会副主任委员、中国生理科学会理事长、第一至第三届全国人大代表。

吴英恺（1910—2003）：辽宁新民人。1933年毕业于辽宁医学院。1941～1943年赴美国华盛顿大学医学院进修。生前为中国科学院生物学部学部委员。他主持创建解放军胸科医院、阜外心血管病医院、安贞医院、中国医学科学院心血管病研究所、北京市心肺血管疾病研究所，是中国胸心血管外科学、流行病学奠基人。他主编的由12个国家的150余名著名国内外专家撰写的第一部国际英文版大型医学专著《国际心胸外科实践》，对世界范围心胸外科研究具有极其重要的影响和作用。

白希清

巴德年：中国工程院院士、原中国医学科学院院长、中国协和医科大学校长、免疫学专家。首次发现抗胸腺自家抗体，揭示了高血压大鼠免疫功能低下原因；用胸腺移植等免疫重建方法，在国际上首次提出了免疫与高血压相关的证据；开展癌转移机理及防治途径研究，率先在国内建立5种高转移动物模型和稳定的高转移性细胞株。在同种LAK细胞应用、杀伤原理等临床治疗等方面取得一系列成果。

吴咸中：中国工程院院士、中西医结合专家，辽宁省新民县人。1948年毕业于沈阳医学院获学士学位，现任天津医科大学教授、天津市中西医结合急腹症研究所所长。通过长期实践，形成和完善了规范诊治原则与方法，建立了中西医结合治疗急腹症的新体系。发表学术论文100余篇，主编专著11部。

顾玉东：中国工程院院士、国务院学位委员会委员、卫生部手功能重点实验室主任、上海市华山医院手外科研究所所长。他提出足趾移植中二套供血系统方法，首创膈神经、多组神经及健侧颈7神经移位术。为肢体创伤设计了多种皮瓣及带血管神经移植，在手外科临床研究和治疗上取得一系列杰出成就。在国内外杂志上发表论文300余篇（第一作者），出版医学专著5部，为全国培养手外科显微外科高级人才达600余名。先后获得国家级发明及科技进步奖7项，使我国在手外科显微外科领域保持国际领先地位。

郎景和：中国医学科学院中国协和医科大学北京协和医院妇产科主任。中国工程院院士，担任中华医学会妇产科学会第一副主任委员、中国科普作家协会副理事长、中华医学会科普学会副主任委员、中国妇科内镜学组组长、美国纽约科学院会员、《中华妇产科杂志》总编辑、《健康世界》主编、中国作家协会会员等职。他对子宫内膜异位症发病机制进行研究，提出"在位内膜决定论"和"源头治疗说"；对卵巢癌淋巴转移的研究及对妇科内镜手术、子宫颈癌防治、女性盆底障碍性疾病的诊治及基础研究均有突出贡献。获国家科技进步奖，卫生部、教育部、中华科技进步奖及北京科技奖等8项，发表学术论文600余篇，主编（译）著作30部，个人专著10部。

第八节　满族服饰源于渔猎

小阿哥多神气

小格格赛音霍其昆（满语：好漂亮）

一、旗袍的来由

古代，满族先民生活在原始森林里，以兽皮和鱼皮为衣。相传最早是海伦妈妈教会人们穿上衣服。但是，那时是没有开衩的袍子。

后来不知道是哪年哪月，虎尔哈河（牡丹江）边有一位心灵手巧、智慧美丽的打鱼格格，看到人们穿着的袍子有的长，有的短，不好看，做活又不方便，她就琢磨出了一个把袍子两边开口的好办法，人们穿上这种袍子，打鱼捕猎就方便得多了。

有开衩的袍子，就这样在满族人的社会劳动生活中产生了。

清王朝入关后，所有的满族人分属正黄、镶黄、正白、镶白、正红、镶红、正蓝、镶蓝各旗，作为国家部队，驻守祖国各地。所以满族人称为旗人，满族人穿的衣服就称之为旗袍，成为当时最时尚的服饰，在全国流行开来。

1912年以后，古老的满族旗袍成为中国女性国服，并演变为时尚简约的旗袍，在民间，姑娘们结婚，旗袍是必备的礼服。在电视、电影的银屏上，在一年一度的中央电视台春节晚会

关琦戴上亚洲美皇后桂冠

上，精致高贵的旗袍一展中国女性的美丽风姿。旗袍还以最具东方服装元素的魅力，受到国际国内服装设计大师的青睐，在国际时装舞台上风情万种地展现。2003年，吉林满族瓜尔佳氏格格关琦在第53届世界小姐大赛决赛中穿着揉进西方服装元素，有宽大下摆的中国红旗袍，站在了亚洲美皇后的领奖台上。

改革开放以来，在中央政府"平等团结、共同发展"民族政策的光辉照耀下，在各级地方政府开展的"兴边富民"行动中，满族人民与全国各族人民一样，生活条件有了翻天覆地的变化，追求美丽的格格和阿哥越来越青睐旗袍，在节日里和同胞聚会时，常常穿上旗袍，盛装出席各种活动，与各兄弟民族同胞一起，心情舒畅地庆祝今天幸福美好的生活。

穿着满族旗袍欢聚的云南满族同胞

在过满族的传统节日颁金节时，许多满族青年还特地穿上传统旗袍，聚在一起，以学习满语、唱满语乌春（民歌）、祭奠满族民族英雄、上满族民俗课的方式，过一个快乐的满族节。在东北各级地方政府举行的文化节里，身穿满族传统旗袍的阿哥和格格们

奥运颁奖礼服展中国女性的高贵华美

更是姹紫嫣红，花团锦簇，一个个气宇轩昂、婀娜多姿，他们的服饰和青春自信的微笑，在文化节上格外地靓丽。

2008年，在中国第一次举办的第29届奥林匹克运动会上，由爱新觉罗·豳恒（bin da）杨军设计的闭幕式服装，引起全世界服装设计圈的赞赏，其五个系列颁奖礼服女装分别为"青花瓷"系列、"宝蓝"系列、"国槐绿"系列、"玉脂白"系列和"粉红色"系列，15款精美华贵的颁奖礼服，"柔美典雅，满眼完美中国元素"，璀璨惊人，彰显了中国女性的高贵华美。

二、花盆底鞋的来由

满族妇女都是天足，没有裹脚的。花盆底鞋是满族妇女穿的高底木鞋，由一位叫多罗甘珠的女罕王创造发明并流传下来。

很久很久以前，穆丹毕拉（今牡丹江）一带，有肃慎人的许多部落，有一年，多罗甘珠住的阿克敦城被一个名叫哈斯古罕的部落酋长占领。族众们被迫逃进了密林，整整一个月过去，粮草吃完了，还流行起瘟疫，族众们死的死，病的病，眼看就要全族灭绝了！

多罗甘珠也病了，她挣扎着来到密林高处，看见唯一通往阿克敦城的那条小路被重兵把守，而小路的两旁又是一望无边的红眼哈塘（沼泽地），怎么才能把族众带出密林，回到自己的噶栅呢？就在多罗甘珠苦苦想招的时候，她看见一群白鹤在红眼哈塘

穿着花盆底鞋跳满族民间舞蹈《绣》

萨满·萨满·萨满

穿着花盆底鞋的满族格格在欢庆新宾满族自治县成立10周年大会上载歌载舞

上跳舞,它们为什么不会在红眼哈塘里沉下去呢?她看啊,想啊,想啊,看啊,终于发现了其中的道理。她立刻跑回噶栅,把族人们都叫来:"你们看,我们能不能做个白鹤腿,像飞一样地杀回去呢?"

族众们立刻从树林里砍来许多树枝,做成高脚木靴,趁着黑夜,在红眼哈塘里跑呀,跳呀,很快就跑到阿克敦城,消灭了哈斯古罕,夺回了阿克敦城。后来,为了纪念高脚木鞋的功劳,满族妇女们就世代相传穿这种鞋,再后来,这鞋又穿进了紫禁城。现在,这鞋又出了宫殿,走进了民间,当你来到满族民俗村、满族风情旅游地时,都能看到年轻漂亮的满族格格身着旗袍,脚穿着花盆底鞋,步姿婀娜地行走在人群中,那份优雅和独有韵味的美丽让游客们惊慕不已。

三、满族男人梳辫子的来由

古代的时候男子都蓄长发。与其他民族男子挽发为髻、束发戴冠或披发不同,满族男子是头顶后半部留发,结辫垂于脑后。

满族的男人为什么要留辫子呢?因为生产劳动的需要。

满族人发源于白山黑水,古代时,以打猎捕鱼为生,前头剃发脑后结辫。这样的发式,在翻山越岭打围(满语:打猎)时,森林里的树枝藤蔓不会刮散头发,

1830年满洲八旗兵在练习射箭　右一为螺号兵　外国画家：佚名

骑马奔驰时，编好的头发不会散，射箭瞄准时，眼前无乱发遮挡，在捕猎时，不高耸的头发，还便于隐蔽自己，利于战斗。在打尖（休息）时，盘在头上的辫子还可以解下来当枕头。

满族信奉萨满文化，认为人有三魂，即命魂、浮魂、真魂。发辫是真魂栖息所在，所以，辫子被满族人视为生命之本。清代，在战场上阵亡的八旗将士，"青山处处埋忠骨，何须马革裹尸还"，就地埋葬在祖国的山川大地。但是，发辫必须由同伴带回故里，隆重地埋葬，俗称"捎小辫"。如在乾隆年间时缅甸犯我边疆，将军明瑞（富察氏）带兵抗击，他"负创行二十余里，手截辫发授其仆归报，而缢于树下，其仆以木叶掩尸去"。八旗将士为国尽忠的事迹感天动地。

第九节　树屋筑穴古老民居

古代，东北苦寒，人们就"筑堤凿穴以居，室形似冢，开口于上，以梯出入。以九级为贵"。满族先民最早是树居和穴居的。夏天选择等距离的四棵大树，以木刻楞的方式搭成房子，就可以住人了。也有以兽皮和木头搭成的窝棚，俗称撮罗

166

以大树搭建的树屋　　　　　　　　地㽙子房

（绘画：王纯信、王纪）

子。满族人上山采集和狩猎时，在树林里建有马架子和地㽙子房，在长白山林区，民居建筑因地制宜，取木而建，民居称之为"木刻楞"。

著名民间艺术家、萨满美术艺术学者王纯信在与其女儿画家王纪对满族山林间的木屋描写到：在慢慢林莽中，缀有点点瑜斑，仿佛是临海中的几叶扁舟，使这寂寂的汇接充满生机。走近看去，可以看清，这房子是原木"磕"成的，外面糊满黄泥巴，房上铺满木瓦片，清一色的大红松，沁漫着油脂，闪亮欲滴。房前立着一颗用空心大松树筒做成的烟囱，缕缕炊烟从中飘起，散发着新木燃烧的馨香。这是长白山满族民间建筑的写照。

女真先民民居建筑图

后来女真人发明了火墙、火炕。随着建筑技术的进步，满族人终于走出穴居，在地面上盖起了房子居住。一般满族人家的住房为西、中、东三间，院落多用木栅栏围成矮墙，院内有影壁，大门朝南。西间称西上屋，设南、西、北三面炕，以西

辽宁新宾腰站村满族民居采风

炕为尊，俗称"万字炕"。西墙上有祖宗神板。院内常有两三垗菜地，三两棵果树，有的人家还有落地大烟囱和世代相传祭祀乌鸦女神的索伦杆。

20世纪80年代以后，满族人民的生活富裕了，落地大烟囱随着新房的建造已逐渐消失，"哈什"，敬神祭天的索伦杆还在许多满族人家保留并使用。21世纪初以来，随着农村空心化、新农村改建等，满族自治地区的民居文化发生了很大的改变。有的盖起了新居，有的住上了楼房，用上了液化气，成为城镇居民。但在许多农村仍可以看到树屋的遗存，满族人称之为"哈什"。民居旁存放着苞米棒子、柴火等物的，俗称为苞米楼子也可以看到房子边上的大烟囱。

在20世纪80年代以后兴起的旅游业中，撮罗子成为民族文化节、艺术节的文化符号，也在女真索伦部后裔的聚居地成为旅游文化的特色建筑，由女真人创造的满洲民间建筑，就这样在人类历史的文化长河中追波逐浪，展示着女真人悠久的"夏则巢居，冬则穴处"的森林民居之文明魅力。

黑龙江镜泊湖莺歌岭居民民居采风

黑龙江畔民俗旅游地的撮罗子

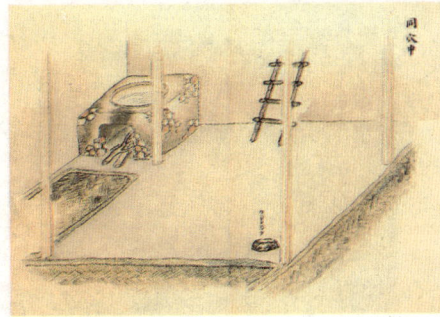

《东鞑地方纪行》满洲族1811年居住史料图

第八章 灵动炫美的满族风俗

　　满族的风俗习惯，是满族人民在长期的历史生活中积淀而成的，它蕴含着满族人民世世代代生产、生活的宝贵经验，体现了这个民族的道德观念、行为准则和群体意识，并渗透于生产、生活、礼仪、节庆、信仰等各个方面。昔日满族的诸多习俗，随着社会的不断进步而变化发展，但至今仍然具有丰厚鲜活的民族特点。

——引自吉林文史出版社《满族知识读本》

满族的风俗习惯代代传

满族民间的游戏仍在玩

满族的新媳妇还给婆婆把花戴

满族先民的东海蟒式还在跳

第一节　窗户纸糊在外

过年　岫岩满族自治县画家　赵春辉

满族人为什么要窗户纸糊在外呢？在很久以前，人们用狍、鹿等兽皮绷在窗户上，以抵挡呼呼的东北风。由于室内外温差大，又遭风雪侵淫，兽皮很快就破了，既不美观又很浪费。于是，就有了每到冬天，人们就将高丽纸糊在窗棂外，用在纸上淋上油或者是盐水的方法，就可以防雨雪淋湿和脱落。在窗户纸上，爱美爱俏的格格、小媳妇、老婆婆们还会贴上人参娃娃、嬷嬷人等各式各样的剪纸。

顺治十五年（1658年），安徽桐城方拱乾、河南张缙彦、江苏吴江吴兆骞、浙江山阴杨越等人因科场案被陆续发配黑龙江宁古塔。当地土著满族的生活情景让他们眼前一亮，写出了"关东城三大怪，窗户纸糊在外，十七八的姑娘叼着大烟袋，养活孩子吊起来。"的字句，从此，这句话成为东北地区民间生活的谚语。

时至今日，每逢过大年、结婚的喜庆日子。人们还会在玻璃窗上贴上大红窗花。那一派红红火火好日子的喜庆气，给您讲述着窗户纸糊在外的过去的故事。

第二节　十七八的姑娘叼烟袋

布新居　岫岩满族自治县画家　陈静

早年间,满族先民们挖人参、狩猎的时候,就要拿芳香味的树叶做成烟叶,点燃以熏跑毒蛇或者蚊子。天命元年(1616年),一位玛发(爷爷)将自己家种的烟叶子呈献给努尔哈赤,罕王爷高兴地说:"咱这关东烟真好。"从此,北方出产的烟叶就叫成了关东烟。

敬烟是满族妇女的重要礼节。出嫁前的相看、问门户、下定,待嫁的格格要给来客装烟。结婚仪式上,新媳妇要给公婆敬烟、点烟。新婚第二天,新媳妇要由大嫂领着去亲戚家敬烟送礼"认大小",还要到丈夫家的祖坟上去给祖宗们敬烟。给长辈们敬烟的姿势还非常讲究,装上烟,点着了,再把烟袋锅搕一下,双手拿着,把烟嘴的一头朝被敬烟的人恭敬地递过去。

结婚以后,儿媳给公婆装烟是每天的日常事。每天早、午、晚三顿饭后要各装烟一次,装烟时,要双手奉递,并要给点着,待公婆吸上烟后才能离去。儿媳妇外出,临走时也要给公婆装袋烟,说一声"请阿玛(爸爸)、讷讷(妈妈)看家",然后才能走。家中来了客人,请到南炕上坐着,第一件事就是主人向客人敬烟。这么多有关敬烟的繁文缛节,就形成了东北民俗"十七八的姑娘叼烟袋"。还留下满族人创造的一个闷儿(谜语):石材嗑木材,木材嗑铜材;里面青龙走,外面菊花开——烟袋。

现在,"十七八的姑娘叼烟袋"已成为过去的习俗。不过,如果您到东北农家做客,还常有大婶大娘会拿起炕上的烟笸箩,满面微笑地问您"抽一口?"

第三节　养活孩子吊起来

古时候，满族先民生活在野兽出没的山林之中。男人要打猎，女人要采集、持家，忙活不过来，手里的孩子怎么办？

于是，妇女们经常把还不会走路的孩子放在类似船型的兽皮兜袋里，两端用皮绳绑在大树杈上吊在两树之间，以防小动物、

摇篮悠悠　摄影　胡晓岚

蛇、蚁的侵袭。妇女们一边摇孩子入睡，一边还哼唱着古老的悠悠调：悠悠扎，巴布啊，巴布啊，乌黑山多乌都玛，狼来啦，虎来啦，悠悠扎，巴布啊，悠悠扎，巴布啊，兴额里温辰恨莫勒得赫（老鼠常常藏起大尾巴）。

兽皮兜袋后世演变为东北地区使用的木制悠车，悠悠调成为东北地区的摇篮曲。至20世纪中叶，摇篮曲还和几千年以前满族先民唱的一样，上悠车的仪式却是非常隆重，因为，那是孩子人生里很重要的一个过程。北方民间有一句话，娘亲舅大。新婚夫妇第一个孩子的悠车，一定是由姥姥家舅舅送的，而且在送的时候，悠车里还得放上姥姥家给孩子的压腰钱。车上还会挂着许多小吉祥物，悠车的两头还写上了"长命百岁"的吉祥话。宁安地区有的满族，要用一块小石头压在车里，那是因为这家人的祖先神是石头蛮尼（石神）。

现在，随着社会生活的改变，"养活孩子吊起来"的满族民俗已经成为鲜见的东北地区民俗。但是，有许多人家都还保存着传了很多代的悠车。你看，咱东北人的姑娘小伙一个个长得英武挺拔、俊俏朴实，后脑勺是圆圆平平的，那就是用悠车悠出来的！

第四节　拜门换鞭叙情结缘
——满族酒文化趣谈

　　酒，是中国饮食文化里的一道风景。满族先民的酒文化，源于古代的果酒、糜儿酒。金收国元年（1115年），金太祖完颜阿骨打建立大金国，太一道鼻祖萧抱珍在阿城玉泉酿造出蒸馏酒，满族的酒文化历史有了发展，在中华民族的酒文化历史上，留下了芬芳的记录。

一、酒为媒

　　在金代，女真姑娘婚姻自主。与许多少数民族对歌定情不同的是，女真姑娘的爱情是从每年正月十六女真人传统部落聚会喝酒开始的。这个部落聚会是女真人的爱情狂欢节。

　　在金代，每到大雁飞来，柳枝勃发的时候，女真人聚集在草甸子上，由部落酋长带领族众祭天射柳赛马。比赛结束后，男青年们聚在一起通宵达旦地喝酒，未婚的姑娘们也都纷纷赶来围观助兴。更有那些有意的情人，早就已经约好在这一天相聚。因为，从这一天起，他们可以无拘无束地在一起玩上好几天。

　　在一轮又一轮欢乐的气氛里，酒酣耳热的男青年热烈地追逐着年轻的姑娘们，同样善于喝酒的姑娘们并不推辞，她们豪爽地与男青年们一起喝酒对饮，喝得高兴了，就和男青年们一起成双成对地唱歌跳舞，如果与哪个男青年对了心思，萌发了情丝，就会与他一起回家，待生儿育女之后，才回娘家拜门。

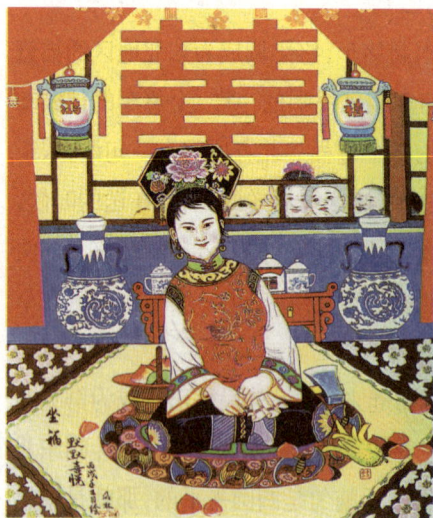

坐福　满族画家　于凤林

二、酒为礼

到女方娘家拜门，做女婿的当然少不了要孝敬一番。这一天，酒是非常重要的礼物。因为女真人婚俗里，女婿送酒是以车来计算的。

拜门这一天，男青年的父亲带着七大姑八大姨和亲戚们，带着儿子媳妇和孙儿一起上路，浩浩荡荡地到女方家去拜门。拜门的礼物，除了带钱、带马、带吃的等物品之外，最重要的礼品是自家酿的酒。到了女方家里，男方就把带来的美酒一顺溜地摆放案前，以示敬意和友好。

两亲家相见后，女方的父母把家里珍藏的金银酒器拿出来，斟上男家送来的酒，招待亲家和来客。你让我请地喝过三巡之后，上蜜糕和一些点心，然后再喝，真有一醉方休之势。喝过拜门酒后，女方从男方奉来的马群中选好的留下。男青年对女方全家行过"男下女"礼后，这桩婚事就正式完成了。

时至今日，送酒仍然是许多地区和民族文化中一道亮丽的风景。在东北一些地区的婚俗里有一句话："成不成，四瓶酒。"谈婚论嫁时，男方和媒人

离娘饭　满族画家　于凤林

第一次上门，带酒两瓶，一番接触后，双方如都觉得满意，男方父母再带着两瓶酒到女方家下定、换盅，女方家人痛快地喝了这四瓶酒，男方就可以筹办婚礼了。

三、酒待客

金代女真人以酒宴请宾客为荣。如金代皇后唐括氏多保真，她就"有识度，在父母家好待宾客，父母出则多置酒馔享邻里，迨于行旅"。金代时常有北宋使臣到东北来，他们受到女真贵族热情的接待，全程赐宴，一日三餐有酒，直喝到"酒不计巡，以醉为度"。就是送别到边界，还要饮上一杯马上换鞭酒。

满族传统萨满祭祀里的大肉宴、小肉饭也离不开酒。祭祀里的饮食习惯已演

放大席　满族画家　徐唤民

纪念青州八旗先烈的祭坛

化成为风靡黑、吉、辽的杀猪菜。每到过年，人们围坐在一起包饺子、包黏豆包、喝酒、吃着酸菜火锅和白肉血肠，扭着大秧歌，放鞭炮，真是热闹极了！

时至今日，满族热情豪爽的民族性格融和成为东北人的象征。2003年夏天，笔者和上海大学的两位学者前往镜泊湖瀑布村考察满族文化。路过一户人家时，有三个年轻人正张罗着准备吃晚饭。看到我们，主人非常热情地邀请我们一起喝酒，盛情之下两位老师就坐了下来。言谈间，知道这三个年轻人分别是满、汉、朝鲜三个民族的，今天约在一起喝酒。两位老师和他们一边喝一边聊，那股热乎劲大有"酒逢知己千杯少"的感觉。回到上海后，两位老师每每说起这一段故事，总是非常地留恋。他们说，那一顿酒喝得真痛快，东北民风淳朴真是名不虚传，东北人待人真是好！

四、酒祭祖

满族先民最早的萨满祭祀以水、土、兽血、山果、鲜鱼、肉等物祭神祭祖。尔后，在祭祀中有了酒、米糕等。至今，满族的酒也种类繁多，如"道光二十五""满族猎酒""九龙醇""千台春""八旗酒"等。其中，千台春酒厂历史久远，由满洲镶黄旗"牛录额真"李巴库于天命四年（1619年）在新宾赫图阿拉城北门外创建的"李记烧锅"起源。

康熙四十三年（1704年），李巴库五世孙李远，将"李记烧锅"迁至高尔山下原明代抚顺城附近，取高尔山泉水酿酒，酒质香甜，远近闻名。因清康熙皇帝东巡祭祖，御征酒200坛，而更名"李记·龙泉海烧锅"。而今，易名为抚顺启运千台春酒业有限公司，其独特的"传统＋创新"满族酿酒工艺及木制酿酒工具，在全国酿酒行业独一无二，镶黄旗酒还获得"中国十大历史文化名酒"称号。

黑龙江省哈尔滨市双城区幸福满族乡铁氏酒厂以其深厚的满族酒文化底蕴和以纯高粱酿造的"八旗水棉袄"成为市场独具特色的产品，深受欢迎。

2014年7月18日，上海、青州八旗后裔汇聚镇江，隆重纪念镇江保卫战172周年，得知这一消息，辽宁抚顺千台春酒厂特地寄来了"八旗酒"，敬献在镇江人民为青州八旗将士竖立的忠烈亭前祭台上，撒在了八旗将士安息的土地上，表达了八旗后裔缅怀先祖，铭记祖恩的心情。

第五节　古老的闺阁女红——满族枕头顶

满族先民发祥于黑水白山中广袤的原始森林，生活用品都取之于森林。从森林里采来椴木和桦木，锯成圆轱辘，将着炕的一面砍平，讲究些的，再在两边用刀或火刻烙出各种图画，这就成了满族最早使用的枕头。

17世纪初叶，满族人走出森林，逐渐开始用上了茧丝布枕头。随着满汉文化的融和，汉族刺绣艺术传入满族，满族少女用五彩的丝线，在红、黄、蓝、白四种象征八旗颜色的绸缎上，按照事先设计好的图案，一针一线精心地绣好，然后，缝在布枕头的两端，既拆洗方便，又好看。很

满族的枕头顶赛音霍其坤（满语：好漂亮）

第八章　灵动炫美的满族风俗

177

快,枕头顶成为满族格格典型的闺阁女红。

满族少女从十三四岁起,就开始学习刺绣,准备嫁妆。经过三至四年的准备,就进入谈婚论嫁的年龄了。在经过相看、问门户、下定、换盅等一系列的订婚仪式后,就定下结婚的日子。在结婚的正日子那天,婆家将新媳妇绣好的枕头顶用红线连起,挂满新房,给乡亲们欣赏,也给未出嫁的小格格们提供描拓的花样,这一民俗称为"亮箱"。

新婚的次日,新娘将绣好的枕头顶绷在枕头套子的两端,由大嫂领着,去拜见七大姑八大姨、五大叔六大爷,根据亲戚们不同的辈分,按照不同的图案,将绣好的枕头套分送给长辈们。这一婚俗,称为"认大小"。

20世纪50年代以后,社会生活发生变化,枕头顶从满族格格的婚礼中退出,成为收藏家们收藏的文物。

第六节 云响雷动传天下——乌拉神鼓

关云德做客中央电视台《艺术人生》——《中国记忆 中国文化遗产日》

满族传统萨满祭祀里,神鼓是最重要的祭祀用品之一。因为"鼓声代表云雷,敲鼓就是为了让神能听到,所以鼓结实与否,声音响不响至关重要"。

在吉林省九台市其塔木镇,就有一位会做神鼓的能人。他,就是由国家命名的非物质文化遗产项目——满族剪纸传承人、由吉林省命名的非物质文化遗产项目——乌拉神鼓的传承人关云德。

关云德虽只念过几年书，但心灵手巧。他的剪纸别具一格，鹰神格格、嬷嬷人、满族面具、满族创世百位女神等带有典型满族萨满文化魅力的剪纸艺术作品在他的剪刀下栩栩如生。他做的乌拉神鼓更是声名鹊起，在东北颇有盛名。中央电视台、吉林电视台和众多主流媒体的记者都多次前去采访。

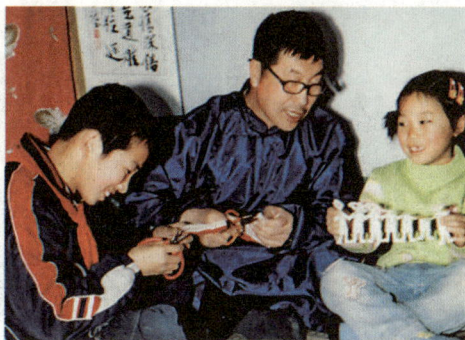

左：关连欣，中：关云德，右：关星宇

说起制作神鼓，这是瓜尔佳氏罗关家族几百年来祖祖辈辈传下来的手艺，关云德是第十三代传人。他说："这都是老一辈传下来的。先祖最早在黑龙江以北，后来迁徙来到了长白山。顺治年来到吉林打牲乌拉。打那起，世世代代给皇帝打

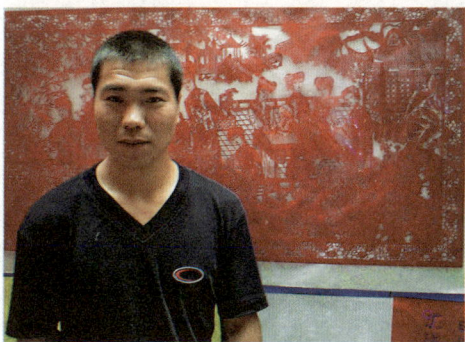

关长宝创作的满族《红楼梦》剪纸

猎纳贡品。到了其塔木以后，瓜尔佳氏罗关家族还像以前一样，要举行萨满祭祀。每有祭祀，就得有萨满祭器，赶上祭祀前祭器坏了，就得有人来维修，而这个大事就由我家先祖一辈辈继承了下来，还传下来一句话，要做鼓得上老白山，砍回藤子好做圈，锛子砍，刨子圆，一个抓环八根弦，还有八个大铜钱。"

关云德还说，"打我记事起，我玛法（爷爷）、阿玛（父亲）就做这个，到我这辈儿的时候，就我一个人学会了。我父亲叫关凯，是我们家族的族长，他说家族里最古老的鼓已经有300多年的历史，说不清经历了多少动荡才保存到今天。"

如今，关家的神鼓、腰铃制作和剪纸手艺都传了下来。关云德的儿子关长宝学会了制作神鼓、腰铃的全套手艺，剪纸设计也颇有创意。关云德的孙子关连欣、孙女关星宇在学校里是美术创作的佼佼者，他俩剪的妈妈人和面具特有神采，还获得过全国的奖项。

关家的菜地硕果累累

关家的稻田郁郁葱葱

第七节　尼玛察氏的传世珍宝——满族弓箭

　　满族是渔猎民族，弓箭既是狩猎生产劳动的工具，亦是社会交往使用的重要信物。在与中原交往时，还以楛矢石砮作为礼物相送。据黑龙江萨满世家传人富察·哈楞阿传承，满族先民各部落中弓箭做得最好的是东海窝集尼玛察氏，这个部落供奉的神主为多龙格格，亦称为弓箭神。神偶为人面，长着两个翅膀的神像。祭祀时吟唱的神歌是：学一身射箭的好本事，给穆昆（氏族）除害报仇，不辜负都隆阿玛发的心意。跟我飞吧，飞向果勒敏珊延阿林（长白山）！救出穆昆脱离萨哈连（黑）大鹏鸟的灾难。果勒敏珊延阿林高又高，九梁八沟，毕拉木克（河水）十八条。八沟住着八路兵，九梁通往九层天。果勒敏珊延阿林额真（长白山神主），住在最高的顶，他是肃慎人的保护神！

当年的弓箭世家名满京城

　　顺治元年（1644年），清王朝入关。在北京的东四十条曾经有一座弓箭大院，院里有17家弓箭铺，专为清军八旗部队制造弓箭，从正门进去第一家弓箭铺就是"聚元号"。

其以满族传统的手工制作的弓箭受到乾隆皇帝的喜爱,他为其亲笔题写牌匾,并赐诗一首:"聚宝财丰今荣盛,元恒力贞世业兴。弓孙张故说皇帝,箭贵千里利尤姬。"

在清代,"聚元号"弓箭曾在国际上获过大奖。全国解放

杨福喜在介绍"聚元号"弓箭手艺

后,也曾作为礼物送给毛主席。如今,"聚元号"弓箭的第十代传人,满族尼玛察氏后裔杨福喜继承了这一传统手艺,仍然以20多种原材料,近300道工序,历时4个月,制作一套弓箭。2006年,"聚元号"弓箭被列入首批国家级非物质文化遗产名录,杨福喜被定为"国家非物质文化遗产项目代表性传承人"。

第八节　丹青绘就传世图——满族风俗画

2013年,由国家民委、文化部联合主办的"2013年中国少数民族非物质文化遗产展示周"在民族文化宫展览馆举办。其中,国家级非物质文化遗产项目——丰宁满族剪纸国家级传承人张冬阁带来的"满乡风情"系列剪纸吸引观者如云。

张冬阁向笔者介绍《满乡风情》

张冬阁出生于丰宁。自幼年起,母亲给他就讲述满族的风俗故事,这成为他日后进行满族美术创作的启蒙。1974年,他开始了满族民间剪纸的研究和创作,并致力于满族民俗文化艺术的研究和创作。他的满族剪纸和书画作品继承传统,创立新意,《满乡风情·正月初一出行》《土台戏》《锦绣中华》

《满乡风情》长卷局部

《戏曲藏书票》等众多作品获得了国家级奖励或被国家级艺术博物馆收藏。剪纸作品多次参加全国及赴日本、法国、加拿大、美国展出并被收藏。他也因卓越的艺术成就成为国家一级美术师，著名剪纸、国画、书法家。

1995年起，他开始创作大型画卷《满乡风情》，画卷为两幅，一幅为白描，一幅为绢画。两幅长60米，宽68公分的画卷上，从创世三女神到满族的和传说，从萨满鹰崇拜到满族婚俗、葬俗，从狩猎时代到农耕生涯，从摇篮育婴到八旗铁马金戈，从民间花会到歌舞和手工艺制作，从儿童游艺到满族体育、服饰、礼节等满族风俗故事，将满族历史的风俗故事集大成之，堪称创世之作，史诗之作，让人叹为观止，让人美不胜收。现历经10年的创作，画卷白描卷已完成，绢画已完成大部分着色，剩余的部分预计将在2019年完成，我们满怀憧憬地期待着画卷的面世。

萨满·萨满

第九章 绚丽天成的满族工艺美术

　　在长期的历史发展过程中，勤劳、智慧的满族先人创造出丰富多彩的工艺美术，成为满族人民传统技艺，与满族人民生活紧密相连……新中国成立后，满族工艺美术更显示了它的优势，各种本民族传统工艺美术得到进一步发展，涌现出大量的能工巧匠和工艺美术家，几乎在工艺美术的各个门类中都作出了贡献，创造了巧夺天工的各种形式的工艺美术品，受到国内外广泛赞誉，美化了人们生活，也为祖国争得了荣誉。

——引自辽宁民族出版社《中国满族通论》

第一节　中华瑰宝誉满五洲——满族布糊画

联合国科教文组织、中国民联授予滕腾中国民间工艺美术大师仪式

　　滕氏布糊画由中国民间工艺美术大师滕腾先生发明。其布糊画集国画、唐卡、雕塑、满族民间刺绣、裱糊等各种工艺于一身，以各色金丝绸锻为原料，以精湛的刻、剪、锈、编、结、叠、绘等十数种手工技艺，创作出工艺细腻、高贵富丽、惟妙惟肖、鲜活灵动、巧夺天工的工艺美术珍品。

　　滕氏布糊画受到国家和地方政府文化部门的广泛关注，并获得国家专利。其经典巨作《九龙壁》进入人民大会堂，《老鼠娶亲》由国家博物馆收藏。《九凤壁》《和平昌盛》《孔雀春花》等作品亦精美绝伦，让人赞叹不已。

　　龙腾艺术馆内有举世唯一的一座"天下第一布糊寺"。那是滕老遍访北京雍和宫、承德大佛寺等佛家圣地，其儿子滕光宇、女儿滕天一两赴西藏，绘图1214张，以437500余块分解图、用料686种、42人花费两年零三个月的时间敬制玉成的。宏伟的布糊大雄宝殿、天王殿里，观音如来、吉祥天母、四大天王等一尊尊佛像神圣伟立，那佛像慈祥宁静、佛光普世的圣洁之感撼人心弦。

　　"天下第一布糊寺"的密宗佛像艺术得到了佛教界的广泛赞誉和钦佩。西藏布达拉宫的伽错大喇嘛详细地看了滕氏敬制的密宗佛像照片后，欣喜非常，他动情地说："无可挑剔，你们把佛像艺术升华了！"他特地拿出两条洁白的哈达，嘱咐滕老的儿女代他将哈达敬献在佛像前。

"天下第一布糊寺"开馆时，承德大佛寺年已九旬的活佛塔木尔，亲自主持为佛像念诵大威德经。西藏、四川等地佛教界的活佛、喇嘛也千里迢迢来到丰宁的"天下第一布糊寺"，敬拜佛像，献上哈达。密宗佛像艺术成为中国工艺美术的珍品，《大威德怖金刚本尊》荣获2001年"第二届中国国际民间艺术博览会"

正法明如来（佛像观音）

金奖。密宗佛像系列荣获2004年"中国首届民间工艺博览会"金奖。2014年10月，由巴黎中国文化中心、中国文学艺术基金会和中国民间文艺家协会共同主办的"布艺霓虹"中国滕氏布糊艺术展在法国巴黎中国文化中心拉开帷幕。滕氏布糊画独特的魅力引起法国文化艺术界的关注。"天下第一布糊寺"名扬四海。

在龙腾艺术馆的展厅里，还有一幅巨型满族族源布贴画，一幅八旗布贴画，艺术地再现了满族的发展历史。

第二节　古朴鱼皮美艳龙江——满族鱼皮画

海伦，满语是榆树。在满族说部里，有个创世女神海伦妈妈，她是黑土地三江口一切生物里最原始的女神之一。是她从洪荒时代开始，就在黑龙江、乌苏里江、松花江汇流的三江口上，保护着她的儿女们。

富察·清泉(傅清泉)在剪纸　　　　萨满女神　作者：富察·清泉

　　现在，海伦成为黑龙江流域一个城市的名字——海伦市。在海伦妈妈的后裔里，有一个聪慧美丽的满洲富察氏格格——富察·清泉，她凭着手里的一把剪刀，千变万化地剪出了一幅幅绚丽多姿、漂洋过海，展示了黑龙江满族文化、中华民族多元文化的精美的剪纸作品。获得了"金剪刀"荣誉称号，并成为黑龙江剪纸艺术的领头人。

　　世上的文化总是轮回中变幻，当年是海伦妈妈教会人们脱下兽皮穿上衣服，而今，富察·清泉以鱼皮先后创作出具有满族萨满文化基因的嬷嬷人、鹰神系列及赫哲族人的爱米神、捕鱼、黑金德都系列作品。她以粘贴画、镂刻画、微型服饰、装饰品等新鱼皮艺术作品，多次参加国际文化产业博览会等交流活动，使北方民族古老的鱼皮艺术重新焕发了勃勃生机。

第三节　萨满神画传承千秋——满族萨满画

　　满族萨满神画最早源于古代的符号文字、岩画和神偶制作等，这类绘画艺术演变到现代，成为一朵充满远古与现代文化元素的绘画艺术奇葩。

满族萨满神画多有画家创作，伊通的唐如蜜就是其中的佼佼者。

唐如蜜为满族他他拉氏，1966年12月1日出生于吉林省伊通满族自治县，现为东北亚萨满艺术馆莫勒真国际画廊特聘画家、吉林省萨满文化协会理事、伊通美协副主席。

唐如蜜自幼喜欢美术，又曾经在伊通报社做过十几年的记者和美术编辑，他走遍了伊通的山山水水，了解了家乡的风土人情，积累了大量绘画素材和经验，并创作了献给伊通满族自治县成立20周年的一本《神秘的萨满绘画》。其每一幅绘画作品，唐如蜜都写下了作品表现的故事背景和人文风俗，正是通过这文字与绘画的有机结合，唐如蜜让萨满绘画更加发扬光大。他的作品得到了国际萨满专家、我国北方民族研究的著名学者、吉林省民族研究所富育光教授的认可与好评，称唐如蜜的画独具一格，可谓萨满绘画第一人。

唐如蜜拜访萨满文化学者富育光先生

萨满神舞　作者：唐如蜜

第四节　慧心巧手白山彩云——长白山满族艺术

长白山才女——王纪是出生在吉林通化的70后，从小就耳濡目染地接受着父亲——通化师范学院美术系教授王纯信的影响和教育。

多年来，她与父亲在河北、吉林、辽宁、黑龙江等地对民俗文化进行田野考察。在田野考察中，她对满族刺绣、建筑、剪纸、萨满文化及鄂伦春族桦树皮工艺、狍皮工艺、刺绣、剪纸等民间工艺美术进行了深入、系统的挖掘、研究、整理。她所创作的极具满族文化色彩的国画《山花烂漫》、油画《绣嫁妆》、水彩画《冬花》、岩彩《打麻绳》等作品多次在东北三省和国家级美展中获奖。她创作的剪纸作品《狩猎》《木屋之秋》《满族风情》获得全国剪纸展"金剪刀"奖,《长白山民居系列》参加和林格尔国际剪纸艺术节获优秀奖。

王纪(右)和父亲王纯信在上海世博会

王纪的剪纸作品

王纪还著书立说,2004年以来,她和父亲先后出版了《萨满绘画研究》《萨满剪纸考释》等著作及《长白山满族风情剪纸》《高句丽风情剪纸》四本个人剪纸集,并在吉林省和国家级刊物上发表学术论文近20篇。

　　王纪的艺术成就受到社会的关注,她是中国民间文艺家协会会员、中国艺术人类学会会员、中国萨满文化艺术研究会会员、吉林省满族剪纸研究会副秘书长、吉林省美术家协会会员。2008年,获得中央美术学院"非物质文化遗产与民间美术"专业硕士学位。2010年,她和父亲凭着《长白山满族民间剪纸》《长白山满族枕头顶》和刺绣等艺术作品受邀双双出席了中国上海世博会,向世人展示了悠久古老而又充满现代美术气息的满族文化。

第五节　奢华记忆唯美情结——满族现代画

　　辽宁丹东有一座美丽的山,她宛如满洲创世女神巴那姆妈妈,静静地躺卧在大

尼玛察·双凤(张双凤)和她创作的满族现代画

地上,遥望着星辰日月,把聪明和智慧恩赐给满洲儿女。在丹东,就有一个得天地之灵气,沐女神之懿恩的满族女儿——中国著名女画家尼玛察·双凤(张双凤)。

张双凤出生于辽宁省宽甸,家乡的青山秀水,化为她手中的笔,点染她心中丹青的灵魂,正是那自然而宝贵的沁润,使她成为一个心有千花万朵、婀娜多姿的满族女画家。可以毫不夸张地说,满族的画家灿如星辰,而能把满族格格画得那么优雅高贵而又灵动水亮,具有满族萨满风韵的,非张双凤莫属。

张双凤现为中国美协会员、辽宁省美协理事、中日韩新书画联盟副秘书长、丹东市青年美协副主席、辽东国画院副院长、鸭绿江画院常务副院长。

第六节　白桦神幻黑土精灵——满族桦皮画

在黑龙江流域的山区里,常能看到成片的白桦林,一棵棵白桦树亭亭玉立,宛如美丽的少女,让人怜爱。

相传在很久以前,白桦树是天母阿布卡赫赫的三女儿,为了拯救洪水中的人类,她来到人间,最后化成了一棵白桦树,她身上的衣化成了白桦树的皮,从此以

托阔罗·丹丹（陶丹丹）

后，人们用她的皮做船，做摇篮，白桦树女神就如乳母，养育了众多满洲古老的直系氏族。托阔罗氏是其中的一个，并保存了较多的萨满文化基因。如满族的族源、鹰神妈妈、马崇拜等都与这个氏族有关。

也许是命运使然，托阔罗氏的陶丹丹将满洲氏族崇拜的白桦女神文化，神奇地幻化为古老与时尚相结合的现代工艺美术作品相传承。她在黑龙江边出生，深爱着这片土地上的一草一木，更迷恋那片美丽神秘的白桦林，还在她幼年的时候，就在她阿玛的指点下，以白桦女神的白衣——桦树皮做成好玩的小玩意。

高中毕业后，她考取了哈尔滨师范大学美术装潢系，还自修了美术工艺系的全部课程，成为黑龙江边满洲托阔罗氏第一个美术类的大学生。凭借着阿布卡恩都哩赫赫赐予她的一双慧眼和灵巧的手，以白桦树皮的自然纹理，用手工镶嵌、粘贴，创作出惟妙惟肖、美丽古朴的桦皮画和艺术品，这一艺术门类的作品获得国家专利，还有10余幅作品被黑龙江博物馆收藏。

陶丹丹创作的桦皮画

190

第十章 满族历史文物博物馆

有了人,我们就开始有了历史。

——恩格斯

历史对于一个民族永远是非常重要的。

——黑格尔

按照《国际博物馆协会章程》,博物馆功能是对人类和人类环境见证物进行研究、采集、保存、传播,特别是为研究教育和游览的目的提供展览,我国《博物馆管理办法》认为博物馆的功能是收藏、保护、研究、展示人类活动和自然环境的见证物。

20世纪80年代以来,经国务院批准,辽宁、河北、吉林等地先后成立了满族自治县,全国各地成立了满族乡、屯。在国家各级政府民族工作部门的支持下,岫岩、丰宁等满族博物馆先后建立。在90年代开始的国家非物质文化遗产申报工作中,社会和民间力量积极参与满族历史文化的研究,促进了满族历史文物的挖掘、收集和整理,满族历史和文物走进各地兴建的历史博物馆。本章选取部分博物馆加以介绍。

第一节　兴凯湖博物馆

兴凯湖博物馆位于小兴凯湖北岸。

兴凯湖博物馆

兴凯湖博物馆图腾柱

兴凯湖是我国东北边疆最大的淡水湖，位于黑龙江省密山县与俄罗斯滨海边疆区交界处，北部在我国境内，是女真族最早有历史记录的族称——肃慎族（女真）重要的发祥地之一。

据满族黑龙江大萨满富察·哈楞阿传承黑龙江肃慎、女真各氏族萨满口头传承，兴凯湖一带为东海窝集（国）部所在地，时东海女罕为爱坤萨德，女罕城在兴凯湖西南。正是在这里，女罕统帅数十部落，世代传承着人类文明的初年文化——萨满文化中的女神文化，崇拜着雪鹰妈妈、东海女神海东青恩嘟哩赫赫，产生了大量由满族萨满传世的传统说部中所记录的古代先民渔猎生活的遗迹，并记录了兴凯湖名的来源，彰显了其丰厚的文化底蕴。也是在这里，满族先民由旧石器时代的母系社会逐渐转变进入新石器时代，爱坤萨德的位置由男性罕王取代。

1972年7月，黑龙江省博物馆考古部在兴凯湖新开流东1.5公里的湖岗上发现一处新石器时代遗址，并进行了挖掘。很遗憾的是，由于满族萨满文化的氏族性、神秘性，传播甚少。所以考古文化未能与满族萨满世传文化相结合，进行更深度的人类初年文明中东北亚地区人类社会科学的文化佐证、文化开发等多学科的文化研究。

2006年，建于小兴凯湖北岸，距鸡西市区130公里的兴凯湖博物馆落成。室内建筑面积2300平方米，其主要展示国家地质公园、国家级自然保护区、新开流文化、北大荒文化等内容。内设地质展厅、生态展厅、人文展厅和影视厅。室外部分由图腾柱和九曲湿地栈桥组成。图腾柱由肃慎人、白尾海雕和鱼类组成，是兴凯湖文化和历史演变的象征，亦是兴凯湖国家地质公园的标志。

第二节　瑷珲历史陈列馆

瑷珲历史陈列馆在黑河市郊瑷珲镇清代瑷珲新城遗址内，占地12万平方米。馆区大道上两排青松下躺卧着象征江东64屯的江石。馆内设有4000多平方米的展区，以翔实的历史资料和历史文物，记载了黑龙江流域同属于女真的满洲、鄂伦春、鄂温克、达斡尔、赫哲等民族的历史。

黑龙江将军瑷珲新城遗址碑

展厅建筑外观左方右圆，中间被大三角台阶分开，象征着刀剑割裂了国土。台阶左为"母亲河"大型浮雕墙，右为寓意警钟长鸣的"1858"风铃墙。风铃墙下的大型铜雕，寓意祖国母亲失去了儿女、失去了国土。

海兰泡惨案

馆内一座多媒体的半景画馆以模拟复原历史手法创制的"签订《尼布楚条约》《瑷珲条约》"和"瑷珲被毁"的开放式场景，以及"海兰泡惨案"半景画，反映了"勿忘国耻，振兴中华"的爱国主义主题。同时，也展示了中俄之间因友好和平才带来了两国稳定、发展与繁荣的篇章。

瑷珲历史陈列馆自开馆以来，已接待国内外各界观众达200余万人次。乔石、迟浩田、杨成武、张万年等30余位领导人先后到馆参观，并题词留念。瑷珲历史陈列馆现为全国文物保护单位，是国家和黑龙江省爱国主义教育示范基地。

第三节　友谊历史博物馆

友谊博物馆隆重开馆

友谊县——镶嵌在双鸭山大地上一颗高贵的明珠。古代，这里是满族先民挹娄人繁衍生息的地方，并在这里留下了宝贵的古人类生活印记。2009年，集20多年考古研究而多有文物、硕果累累的友谊历史博物馆隆重开馆。

友谊历史博物馆馆内藏有120余件来自满族先民挹娄族遗留下来的石刀、石斧、纺轮、网坠、陶猪等各类文物。众多文物中，最宝贵的为一只玉蝉和一个陶猪，这蕴含满族先民动物崇拜的出土文物，与挹娄古城模型、境内的风林古城城址及宝清县境内的祭星神坛交相辉映，向世人展示了2000多年前满族古代先民的社会生活、聪明才智和艺术天分，是古代人类文明的宝贵结晶。

风林古城：共九片城区，是目前所知东北三江平原乃至东北亚及周边地区发现的结构最复杂、规模最大、宫城与宫殿出现最早的一个古城。这座古城比渤海国的建立早500年，比金上京的建立早近900年，已被批准为国家级重点文物保护区。保护区内绿草芳菲，野趣盎

博物馆馆内展出的挹娄人出土文物

然,黑色的神秘城墙,古树下厚厚的落叶,让人遐想万千,是考察满族先民古代建筑的原始承载体。

宝清县的炮台山祭星神坛,是目前所发现的满族先民萨满祭祀中唯一幸存的古代祭星神坛。祭坛上的祭祀灰坑历经数千年仍栩栩如生,仿佛如昨天的情景再现一般,神圣庄重非常。

第四节　渤海上京遗址博物馆

渤海上京遗址博物馆坐落在黑龙江省宁安市渤海镇。

博物馆毗邻渤海上京龙泉府遗址。1961年3月4日,中华人民共和国国务院公布上京龙泉府遗址为第一批全国重点文物保护单位之一。1985年2月,国务院批准建立渤海上京遗址博物馆。从此,在博物馆展出的出土历史文物与上京龙泉府幸存的巍峨宫墙、空寂的宫殿遗址、古井,默默无言地向世人展示着渤海古国曾经辉煌而又消失远去的229年历史。

渤海国宫殿遗址

博物馆占地800多平方米,有三个展馆。展品有渤海国时期用于生产生活、战争的铁器,复原的渤海国上京龙泉府宫殿群模型、贞惠公主墓壁画,大遗址出土的文字瓦、佛家供奉的珍品舍利函等文物,这些文物是渤海国229年历史的经典浓缩,是渤海"海东盛国"文明历史记录的再现。

渤海博物馆内景

博物馆旁边是上京龙泉府大遗址，在这里能看到在大火中幸存的残缺城墙，当年曾经有10座城门、五条大街纵横排列、规模仅次于唐长安京城的龙泉府已是废墟一片。曾经的五座大殿、八宝琉璃井、点将台、驸马府、御花园姹紫嫣红的昔日盛景，成为远去的过眼烟云。留下的是一段东北地区文明进步的发展历史进程，是一段满族先民谱写黑龙江流域古代文明的华彩乐章。

第五节　金上京历史博物馆

　　金上京历史博物馆位于黑龙江省阿城市金皇城西，是目前全国唯一的一处集中收藏和展览金代文物的博物馆，是金源文化旅游的景点。

　　博物馆占地5万平方米，内设九个展厅，地上五个展厅，地下四个展厅。地上五个展厅，馆藏金代文物2000余件。其中国家一级保护文物有19件。一面直径43厘米、重12.4公斤的双鲤鱼铜镜，其精美世所罕见。皇帝辇略上的铜坐龙铸工细腻、造型生动，已被列为哈尔滨市千年庆典的吉祥物。束腰状货币"承安宝货"为世界货币史之珍品。此外，宝严大师塔铭志、黄金带、战国青铜剑、鉴金佛

完颜阿骨打塑像

完颜粘罕塑像

像……皆堪称国宝。尤其是馆藏的359面金代铜镜，风格各异，不愧世界文物之一绝。俄罗斯考古学会主席 A.捷列维扬曾发出喟叹：这些文物足以使世界上任何一座博物馆蓬荜生辉。

博物馆东面是"金上京会宁府遗址"所在地。馆舍向西200米是金代开国皇帝完颜阿骨打陵墓太祖陵园。三块宝地如珍珠相连，交相辉映，展现了金代上京地区的历史延革和经济文化发展概况，展现了女真民族在民族英雄完颜阿骨打带领下，登上中国社会历史舞台，叱咤风云地演绎了一段北方民族创世开篇的宏伟历史。

第六节　后金第一都城——赫图阿拉

赫图阿拉，满语为"横岗"的意思，赫图阿拉城亦称为老城，是一座拥有400余年历史的古城。天命元年（1616年），努尔哈赤在这里举行隆重的祭天大典，登基称汗，建立了大金国，史称后金。由此赫图阿拉成为大金第一都城。清太宗皇太极尊称赫图阿拉城为"天眷兴京"。昔日满族八旗铁骑就是从这里出发，走向全国，建立了中国纪年历史上的大清王朝。

赫图阿拉城景区现存古建筑遗址33处，分赫图阿拉城和中华满族风情园两大景区。赫图阿拉城内城有当年努尔哈赤登基称汗的尊号台（俗称金銮殿，又称汗

赫图阿拉城里的汗宫大衙门，1616年，努尔哈赤在此登基

跪饮井水记祖恩

宫大衙门）、努尔哈赤语福晋们住宿的汗王寝宫、昭忠寺、神龙二目（东西荷花池）、正白旗衙门、塔克世故居（努尔哈赤出生地）等古建筑。在内城中部，有全城唯一的饮水井，井深丈余，井水充盈，俯身可取，因井下护井围板是努尔哈赤亲置，被誉为"千军万马饮不干"的罕王井。回乡省亲的满族人是一定要去跪掬一捧那养育了女真人的圣水，缅怀先祖的创世之恩。

满族风情园有满族民俗博物馆、满族历史文化长廊、满族老街，是满族人了解和寻找民族历史的精神家园。

第七节　关外紫禁城——沈阳故宫

沈阳故宫是清代的开创者努尔哈赤和皇太极建造使用的宫殿，始建于后金天命十年（1625年），历时11年，至清崇德元年（1636年）基本建成。顺治元年（1644年），清王朝入关，这里成为陪都。至今，沈阳故宫是中国现存的两座古代帝王宫殿之一，也是举世仅存的满族风格宫殿建筑群。

如今300多年过去，沈阳故宫里留下了许多满族文化瑰宝，如努尔哈赤用过的剑、皇太极用过的腰刀和鹿角椅等文物，满族萨满祭祀、满族风俗习惯也都在这里非凡展现，是满族文化的神圣殿堂。在这座占地面积6.7万平方、建有100余座500余间的皇宫里，崇政殿（金銮殿）、大政殿记录了满族军事家、政

大政殿为后金与清举行重要政治活动场所
1643年清帝福临在此登基继位

治家努尔哈赤和皇太极文韬武略，建立八旗，带领女真人开疆拓土的历史功绩；十王亭记录了满、蒙、汉八旗将士万众一心，擎天立地，开创伟业的历史征途；永福宫记录了满蒙第一美女、蒙古族政治家孝庄文皇太后聪慧睿智，辅佐三朝，名垂千秋的国母史记篇章；凤凰楼、清宁宫

清关外金銮殿

记录了固伦（满语：国家）公主为满蒙联姻，远嫁蒙古草原的滴滴泪珠。

2004年7月1日，经联合国教科文组织和世界遗产委员会评定，沈阳故宫与永陵（四祖陵）、福陵（努尔哈赤陵）、昭陵（皇太极陵）同为世界文化遗产。

第八节　八旗谱牒馆

八旗谱牒馆坐落在四平市吉林师范大学内。

满族素来敬祖，从古代起，就用兽皮条、布条、小弓箭结子孙绳为氏族记事。自从进关后，满族开始以满文记述家谱，乾隆年间，清廷编制《八旗满洲氏族通谱》，将满洲八旗姓氏以汉文全部记载。至民国，民间众多满洲氏族开始修谱，民间多有满汉双语文字续写的族谱，并继续叙写传承至今。满族各姓氏谱书分为谱书、谱单，主体内容包括谱序、谱系、族规族俗、附录及辈字歌等，非常详尽地记载了族人的族源、旗属、族序、迁徙及萨满文化等。

八旗谱牒馆

为了更好地研究满族历史，吉

八旗谱牒馆内景

林师范大学于2000年建立八旗谱牒馆、满族文化研究室、东北谱牒研究中心等满族文化研究机构。目前，馆内收藏有满洲八旗珍贵谱牒800余份。与八旗谱牒馆配套的文化设施有满族资料室，拥有专业图书22000余册，录像带光盘180份；满族文物室，收藏民族文物200余件。这些文史资料，是研究清史、东北地方史、北方民族史等领域的珍贵史料，为挖掘、抢救、研究、保护满族传统文化搭建了一个良好的平台。

第九节　长白山满族文化博物馆

长白山满族文化博物馆坐落在吉林省白山市，是全国唯一的一座以长白山满族文化为主题的专题博物馆。

博物馆占地面积1.17万平方米，建筑面积5818平方米，内设11个展区。分6个主题展区和5个专题展区，内容分为中华名岳长白山、长白山满族神山崇拜、长白山满族历史源流、长白山满族生产习俗、长白山满族生活习俗、长白山满族文化艺术以及与长白山满族文化密切相关的专题展区。

长白山是满族的发祥地，被奉为祖山、神山，倍受尊崇，满族众多氏族的家谱上记载着"白山……"，早在女真族时代，金代皇帝在长白山举行过祭天典礼，并留下女真祭坛。金代

满汉双语的长白山满族文化博物馆文字

长白山满族文化博物馆全景

皇帝还在长白山举行隆重的祭山仪式。清代康熙、乾隆和嘉庆帝都曾亲自来东北举行望祭山仪式,写下许多祭告长白山的诗文,祭祀长白山神。

长白山满族文化博物馆以翔实的文史资料和满族文物,真实地再现了满族的萨满文化、民族民间风俗和悠久的社会历史,再现了长白山北方民族先民的聪明才智,向人们展示了长白山雄浑、博大的文化底蕴,是祖国各地的满族同胞到长白山祭祖时,学习和了解满族文化的好去处。2000年以来,满族民间祭圣山活动兴起,常有满族同胞自发到长白山祭祖。

第十节　满族民间美术陈列馆

满族民间美术陈列馆坐落在吉林省通化市师范学院内。

馆内藏品均为王纯信教授和女儿王纪集20多年深入到长白山地区的长白、抚松、靖宇、辉南、柳河、梅河以及辽宁省所辖的新宾、桓仁等十几个县的近百个乡镇

王纯信教授　　　　　　　　　　　　　　　　　馆内展品一角

村屯,在农家的仓房里、炕头上,在老太太的铺衬包里寻觅抢救而来。

陈列馆中藏有满族民间美术品2000多件,分为近20个展柜。展品有满族森林文化中的舟船、碗勺、烟荷包疙瘩、木枕等物满族罕见的木雕珍品;枕头顶、绣花鞋、烟荷包、钱包、幔帐等满族绣品;满族民间服饰中苞米窝儿鞋、蒲草鞋、毡鞋、傻鞋、绣花鞋;满族手工艺编织品的树皮背筐、筐编制品;丰富多彩、妙趣横生的满族民间剪纸;满族民间生活曾经有的葫芦瓢、碗柜、炕桌、旱烟笸箩和长杆大烟袋。板柜上摆有祭祀用的蜡台,上方墙上挂有祖宗匣。梁上吊着关东四大怪之一的悠车等。这一切都真实再现了过去满族民间的生活场景和生活状态。

2004年12月,中国民间文艺家协会将通化师范学院命名为"中国满族民间美术研究中心"。

第十一节　福建八旗琴江水师营博物馆

琴江满族村位于闽江南岸,是福建省唯一的满族聚居村,为首批省级历史文化名村之一。

清雍正六年(1728年),镇闽将军阿尔赛奏请朝廷从辽宁铁岭满洲八旗老四旗

琴江八旗水师营文化博物馆

中抽调513名官兵携眷进驻琴江,围地筑城,建立"福州三江口水师旗营"。这是当时全国沿海四大水师旗营之一,比马尾的福建水师还早151年。

琴江满族村旗人街

八旗琴江文化博物馆与此前修葺一新的福州三江口水师旗营将军楼、毓麟宫、旗人街、抗法烈士陵园景观等交相辉映,为全面开发保护琴江满族自治村奠定了坚实的基础。

八旗琴江文化博物馆布馆面积近500平方米,主要以实物展出为主,辅以图片资料说明,内容丰富,真实地反映了从18世纪至中华人民共和国成立以来琴江满族村的历史。

第十一章 满族人民对祖国的十大贡献

一、开拓了祖国的东北边疆。满族先民发祥于鄂霍次克海（东海），崛起于东北地区的白山黑水，以肃慎、靺鞨、女真、满洲为族称。早在周朝时就以"楛矢石砮"与中原王朝建立了联系，唐朝时就建立了地方政权渤海国。金代收国元年（1115年），女真族完颜阿骨打又在阿城建立金国。古代的满族人在东北这块土地上用以石头为镞的弓箭进行渔猎生产活动，用石刀石斧等原始工具进行农耕，结队进山采集人参、松塔、蜂蜜等。他们在这里繁衍生息，开发这里，保卫这里，使东北成为中华人民共和国永远不可分割的神圣领土。

二、使北京成为全国政治文化中心。金代贞元元年（1153年），女真人建立的金朝把远在黑龙江阿城上京会宁府都城迁到北京，改名叫中都。后元、明、清均以北京为首都。中华人民共和国成立以后，北京再度成为首都，是全国各族人民的政治、文化中心，增强了各民族对中央政权的向心力和凝聚力。

三、奠定了中国的版图。顺治元年（1644年），清王朝顺利进关，多民族的统一的清帝国屹立于世界东方，英勇的八旗兵用鲜血和生命击败了入侵的沙俄侵略者，迫使其订立《尼布楚条约》，捍卫了东北边疆。八旗兵越雪山，翻沙漠，使我国的领土东临大海、南极曾母暗沙、西达葱岭、西北至巴尔喀什湖、北跨大漠、东北连外兴安岭，对一千多万平方公里的国土实行了有效的行政管理。

四、促进了国家的统一，增强了中华民族的凝聚力。满族人来到中原后，比较好地处理了与其他民族的关系，为今天我国民族关系的正常发展奠定了很好的历史基础。由于满族人本身是少数民族，又热心于学习汉族文化，所以在处理民族关系时，是汉族和少数民族之间天然的黏合剂。满族人建立的清朝，是我国历代封建王朝中民族关系最好的时期。满族人在社会主义时期，在保持社会稳定，加强民族团结方面仍发挥着独特的作用。

五、创制满洲拼音文字，结束了东北亚通古斯语族诸民族长期有语无文的历史。满文的创制是人类文明史上的一件大事，古代有许多西方人是通过满文典籍了解中国文化的。清代的许多历史是用满洲文字记载的，满文是中华文明史上不可缺少的一章，至今尚存的二百余万件满文档案、图书，是研究历史极其珍贵的史料。

六、弘扬了中华民族的传统文化。满族是一个尊重知识、热爱文化、善于博采众长发展自己文化的民族。在清代，大量的满族知识分子参加编修了许多书籍。科技方面的书有《律历测源》，文史方面的书有《古今图书集成》，服饰文化方面的书有《皇清职贡图》，饮食方面有集中华饮食文化之大成的满汉全席，建筑方面创造了汉藏结合形式的楼阁，戏剧方面促成了京剧的形

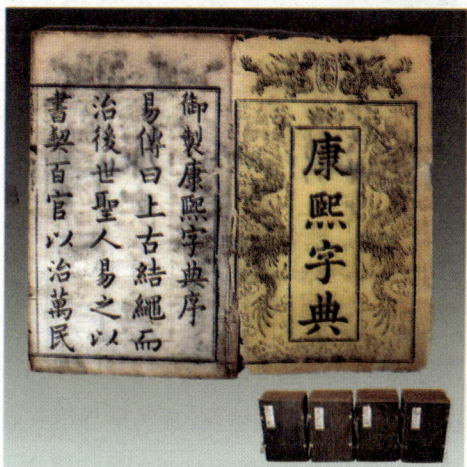

康熙五十五年出版的康熙字典

成。教育、文学、地理方面的《康熙字典》《四库全书》以及绘制《皇舆全览图》，等等，均对中华民族文化的发展起到很大作用。

七、规范了全国语言。满族人在北京要与来自全国各地的汉族人交往，深感方言在交流思想中的不便。他们学习汉语，又在交流过程中揉进自己从东北带来的方言土语，经过不断的融合，与在北京的汉族人一起，创造出音韵清楚、响亮动听的北京话。清廷以北京话为基础，规范出一种宫廷用的语言，要求全国参见皇帝的官员都会讲这种话。为此，编写了《官音正解》《正音撮要》《正音咀华》等规范语言的书籍，为以后推广普通话打下了基础。

八、涌现了大量杰出人物。中华历史人物星河中，满族籍的政治家、军事家、艺术家、语言家和科学家，无论是数量还是贡献都是比较大的，远远超过他们所占

的人口比例,在推动中华历史前进方面发挥了重大的作用。努尔哈赤、皇太极、康熙是远见卓识的政治家。《红楼梦》的作者,正白旗人曹雪芹是伟大的文学家。正红旗人汪笑侬被誉称为"剧班第一革命巨子",创造、改编20多部京剧剧本,推动了京剧的改革和发展。李兆麟、陈翰章、佟麟阁、吴克仁是铁骨铮铮的抗日将领。历史上满族的杰出人物数不胜数,如文学大师老舍、书法家启功、相声泰斗侯宝林、京剧表演艺术家程砚秋、国画家溥心畬……真可谓是不胜枚举。

九、保护了历史文物。翻开中国历史,每一代封建王朝在进行更替时,均把前朝的宫殿、陵墓及地面上有纪念性的建筑物采取焚烧、毁坏、拆弃的做法。而满族入关后,对明朝的宫殿却保护、修缮、利用,对陵墓给予保护,对历代所存文物均十分珍视,给后代留下了丰富的旅游资源,使我们对古代历史环境有真实的感受,这对北京、对中国,对全世界的文明发展,均作出了贡献。

十、推动了中国社会的历史进步。(1)政治上,由于满族人来到中原,永远解决了我国北方游牧民族与农耕民族的冲突,大量移民到东北、西北边疆,使整个中华民族凝聚成为一个整体,形成了统一对外反侵略的局面。(2)经济上,由于康熙皇帝亲自进行科学实验,培育成功早熟新稻种,使南北方实现了同种粳稻双季连熟。乾隆皇帝在北方推广从国外引进的玉米、白薯、花生等高产作物,使我国粮食产量大幅度增长,成为世界第一农业经济大国。(3)文化上,服饰:旗袍成为世界上代表东方女性美的民族服装;饮食:包括烧、烤、烹、煮、炖、涮、爆、烙、焖、煎等12种满族传统东北大菜烹饪方法渗入到各种菜系之中;居住:上有顶棚的室内装饰方法,下有火炕的取暖技术为现代建筑提供了思路;体育:满族传统体育珍珠球和蹴球成为全国少数民族传统体育运动会正式比赛项目,受到各族人民的欢迎。

本章作者:赵书　国家民间文艺家协会副主席
原北京市民族事务委员会主任

第十二章 满族文化进步产生的历史效应

满族是在继其先民肃慎、挹娄、勿吉、靺鞨、女真后于天聪九年（1635年）改称满洲族的。自形成后，满族在保持其前身女真族传统文化的同时，吸收其他民族的先进文化，特别是汉民族的文化。因此，满族文化迅速发展，在中华民族的发展历史上写下了光彩的篇章。

当今世界进入全球互联网时代。在这条高速信息公路上，新的文化、西方文化与中华民族传统文化发生碰撞、融合、发展，产生民族文化相互吸引、相互影响的社会历史进程。在这历史潮流中，回顾满族文化进步及其产生的历史效应，是历史与现实的昭示。

第一节 满族文化进步与社会进步

著名学者、中国人民大学教授、中国文化与经济发展研究所所长张立文先生曾撰文《民族文化的存在何以可能》，在文中对民族与民族间文化的共存和发展阐述了这样一个观点：一个否定自己传统文化、哲学的民族是没有前途的民族。一个不吸收外来优秀传统文化、哲学的民族，也是不会发展的民族。

满族的发展历史验证了这一观点。16世纪末17世纪初，女真民族英雄、政治家、军事家努尔哈赤统一了女真各部，并通过结盟、联姻等措施联络蒙古各部，满

努尔哈赤画像

皇太极画像

洲族共同体初步形成。

1599年2月，努尔哈赤命额尔德尼和噶葛盖创制满族文字。初创的满文没有圈和点，称为老满文。在文化出现的积极效应下，努尔哈赤不断推出开矿采金银、置铁冶、创立八旗、置理政昕讼大臣、计丁授田等一系列社会改革措施，促进了女真民族由渔猎经济转为农耕经济，初步实现了满族社会由渔猎文化向农耕文化发展。

天命元年（1616年），努尔哈赤在赫图阿拉（今辽宁省新宾满族自治县）举行隆重的祭天仪式，建国称汗，立国号为"金"，建元"天命"，开创了清王朝的肇兴基业。

天聪元年（1627年），皇太极继承汗位。在执政期间，他采取措施缓和民族矛盾，增设蒙古八旗和汉军八旗，满族共同体形成。在经济上，他颁旨保护农业，加强内外贸易，发展生产；在文化上，他倡导满汉一体，开科取士，并命满洲正蓝旗人觉尔察·达海改制满文，在老满文的基础上，统一了字母形式，增加了圈和点，新字母被称为新满文。

新满文的使用，加速了满族社会的历史进步。天聪九年（1635年）农历十月十三日，皇太极颁布喻旨："我国原有满洲、哈达、乌喇、叶赫、辉发等名，向者无知之人往往称为诸申，夫诸申之号乃席北超墨尔根之裔，实是与我国无涉。我国建号满洲，统绪绵远，相传奕世，自今以后，一切人等只称我国满洲,不得仍前妄称。"从此,女真族改为满洲族。

崇德元年(1636年),皇太极称帝,改国号为"清",完成了女真社会由奴隶制度过渡到封建制度的历史进程。

顺治元年(1644年),李自成领导的农民起义军民进入北京后,因贪图享乐、争权夺利、互相残杀而败走京城的情况下,清王朝作为新生强大、先进发展的文化政治力量代表,顺利进京,取代了腐朽没落的明王朝,取代了仅即位一天的大顺政权,成为中国封建历史上由少数民族建立的第四个封建王朝。顺治皇帝成为清王朝入关的第一个皇帝。

顺治皇帝6岁登基,13岁亲政,24岁去世。他是在中国历史上动荡变化最为激烈的期间治理国家的。顺治帝临政18年,他在蒙古族女政治家孝庄文皇太后、摄政王多尔衮的辅佐下,建立了一系列初具规模的政治、经济、文化的国家管理体系,为建设中国封建历史上较之"文景之治"与"贞观之治"总和还长一倍之多的"康雍乾盛世"奠定了坚实基础。

康熙元年(1662年),康熙皇帝亲政,他继承了清代历代君王重视文化的传统。他一生爱读书,自谓"联自五龄受书,诵读恒至夜分,乐此不疲也"。亲政后,于康熙十年(1671年)三月置日讲官,每年两次上经筵,数十年间从未间断。在学习先进

孝庄皇后入关前的画像

多尔衮画像

康熙画像

的汉文化和西方文化的同时,康熙皇帝并没有忽视本民族的传统文化,年轻的康熙皇帝告诫年幼诸王读书习骑射。同年,为了提高满民族整体的文化素质,康熙皇帝颁布圣喻十六条,定盛京八旗子弟通汉文者,得与民童一体考试生员,开辟了八旗子弟与汉民了弟一并入试读书的先河,以至满蒙学童学习汉文经典的人数不断增加。十二年(1673年),赐八旗官学翻译大学衍义。四十七年(1708年)用满文编写的类书《御制清文鉴》共270余类,1200余条,是满文词书中的第一部巨作,影响很大。

正是康熙皇帝以超常文化的胆识和主动进取决策,加速了满汉文化的融合,产生了深远的历史影响,带来了满族文化的进步,带来了整个中华民族的文化进步。在康熙帝执政时期,满学、汉学、西学、中华文化与西方文化交相辉映,支撑着历史的前进,清王朝成为18世纪里最强盛的封建帝国。

第二节　满族文化的冬天与春天

从17世纪起,满族人从白山黑水走向祖国各地。满汉文化融合的进步在满族文化中得以充分表现。满汉文化相互融合、沉淀、积累、创新、发展。满族在这一历史过程中走向进步,全民族文化素质整体提高,在文学艺术、科学研究等领域涌现出众多开山人物,为中华民族的文化进步作出了贡献。

这一文化进步的历史说明:民族文化由冲突而互相融合,在融突中根据和生、和处、和立、和达、和爱五大原则,处理各方面及各类型的冲突,以便由融突而成为新的和合体(《民族文化的存在何以可能》张立文著)。

1912年,清王朝逊朝。民国后,北洋军阀政府、民国政府执行民族不平等政策,满族文化进入冬天,民族文化曾一度消沉。在连自己的民族成分都不敢登记的年代里,满族人都不能奢望谈论民族文化,就更谈不上去传承和发展民族文化了!

冬天总要过去,春天必定来到人间。1949年,中华人民共和国成立。1952年12月7日,中共中央统战部发文,明确指出满族是我国境内的一个少数民族。1957年3月25日,周恩来总理在全国政协第二届委员会上的总结发言中说:"满族不过几十万人口,但是它建立的清朝统治中国长达200多年,正说明它是一个有本领的民族,是值得佩服的。今天我国的版图这样广大,就是从清朝继承过来的。我国地大物博,人口众多,应该承认清朝对此是有贡献的。"

1984年,全国人大六届二次会议通过《中华人民共和国民族区域自治法律》,先后在全国设立了13个满族自治县,近400个满族自治乡。国家民族政策的具体落实和体现,让历史的冰霜雨雪消融。满族儿女心情舒畅地在社会主义大家庭里,奉献出聪明才智,意气风发地投入到祖国建设事业之中。

历史在前进,民族文化也在不断地进步。在中华民族科教兴国、文化振兴的跨世纪征程中,一大批满族籍的科技和文化精英站在了时代的前列,他们是:中国科协副主席、中国科学院院长白春礼,中国绕月探测工程总指挥栾恩杰,中国现代文学馆首任馆长舒乙,中国舞蹈家协会主席白淑湘,中国音乐家协会主席傅庚辰,中国曲艺家协会主席刘兰芳,中国电影文学会会长王兴东,中国音乐著作权协会主席、中国电影音乐学会名誉会长王立平,中国电影家协会民族电影工作委员会副会长江平,中国少数民族作家学会副会长尹汉胤,中国的天宫一号与神舟十号载人飞行员张晓光……他们是满族同胞的骄傲,是中华民族文化的佼佼者。

人类进入了21世纪的纪年历史。21世纪是中华56个兄弟民族同呼吸共命运、和谐相处,共同发展、共同繁荣的世纪。我们要发扬满族前辈善于学习、勤奋学习的民族精神,为在21世纪把我国建成经济大国、科技强国,奉献出满族人民对祖国的深情厚意,心心相印地与各兄弟民族同胞一起,以中华民族多元文化为基石,让伟大祖国傲然屹立在世界东方!

本文作者:白玉芳　上海市静安区少数民族联合会理事
赵尔劲　西南民族学院客座教授
张　彪　上海市静安区政协委员

第十二章　满族文化进步产生的历史效应

211

附：满族名人

科学家、中国科学院副院长　白春礼

航天科学家、中国嫦娥绕月工程总指挥
栾恩杰

原中国人民解放军总政治部主任　于永波

中华文化发展促进会常务副秘书长　辛　旗

首任中国现代文学馆馆长　舒　乙

作曲家、中国音乐家协会主席　傅庚辰

舞蹈家、中国舞蹈家协会名誉主席　白淑湘

曲艺家、中国曲艺家协会主席　刘兰芳

中国电影文学学会会长　王兴东

中国民族电影工作委员会副会长　江　平

音乐家、中国音乐著作权协会主席　王立平

中国作家协会创联部主任　尹汉胤

中国工程院院士、免疫学家　巴德年

中国工程院院士、著名手外科专家　顾玉东

中国工程院院士、医学专家　吴咸中

中国科学院院士、动物学家　赵尔宓

中国奥运会旗袍总设计师　杨　军

中国第一个少数民族航天员　张晓光

全军模范军医　何　敏

全国道德模范　武秀君

中国少数民族作家学会秘书长　赵晏彪

中国海洋萨满创世女神学者　富育光

中国满学学者　关纪新

获中国少数民族文学骏马奖　蔚　然

国家非物质文化遗产古书画临摹传承人　祖　莪

国家一级编剧、话剧制作人　李胜英

中国紫檀博物馆馆长　陈丽华

中国著名电影投资发行人　王中军　王中磊

著名男高音歌唱家　魏　松

著名文化节目主持人、资深媒体人　今　波

著名表演艺术家　佟瑞敏

上海青年指挥家　王　瑾

纳兰红旗袍、宫廷满绣传承人　刘思彤

著名满汉双语歌手　吕文博

满族萨满剪纸民间艺术家　关云德

满族姓氏、世居地学者、作家　赵　力（中）

216

华映世纪国际影业董事长　毓恒维

华人向善基金会主席　粘伟诚

葵花药业集团股份有限公司董事长　关彦斌

百源基业房地产开发总公司董事长　关云峰

强强集团董事长、满族富察氏族谱总编　傅治国

府河电气集团公司董事长　赵尔劲

热河行宫御膳世家传承人　乔彦明

上海机构分析师俱乐部会长　朱玉印

上海国际艺术节委约青年艺术家　佟　童

"海派相声"代表人物　金　岩

国际著名排球运动员、教练员　郎　平(中)

著名花样滑冰运动员　赵宏博(右)

著名花样滑冰运动员　佟　健(右)

悉尼奥运会女子竞走冠军　王丽萍

唐宾(左一)与队友获北京奥运赛艇女子
四人组冠军

李娜(左二)与队友获击剑世锦赛女重
团体金牌

参考文献 图版文献

赵尔巽、柯劭忞等著:《清史稿》,中华书局1977年版。

唐晏撰,王承礼点校:《渤海国志三种》,天津古籍出版社1992年版。

[清]吴兆骞撰:《秋笳集》,上海古籍出版社2009年版。

[清]弘昼、鄂尔泰等编纂:《八旗满洲氏族通谱》,辽海出版社2002年版。

金启孮著:《北京城区的满族》,辽宁民族出版社1998年版。

[清]张大昌等著:《杭州八旗驻防旗营志略》,辽宁大学出版社1994年版。

刘小萌著:《满族从部落到国家的发展》,辽宁民族出版社2001年版。

富育光著:《七彩神火》,吉林人民出版社1984年版。

富育光著:《萨满论》,辽宁人民出版社2000年版。

赵阿平著:《满族语言与历史文化》,民族出版社2008年版。

赵展著:《满族文化与宗教研究》,辽宁民族出版社1993年版。

赵志忠著:《满学论稿》,辽宁民族出版社2005年版。

孙文良主编:《满族大辞典》,辽宁大学出版社1990年版。

卜丽娜著:《驯鹿鄂温克人文化研究》,辽宁民族出版社2006年版。

施立学著:《关东岁时风俗论》,吉林文史出版社1998年版。

陈景河著:《走出柳条边》,时代文艺出版社2000年版。

田兆元著:《神话与中国社会》,上海人民出版社1999年版。

杨锡春著:《东北地名语源考》,黑龙江人民出版社1998年版。

张佳生主编:《中国满族通论》,辽宁民族出版社2005年版。

王纪、王纯信著:《萨满绘画研究》,时代文艺出版社2003年版。

王纪、王纯信著:《满族民间美术》,时代文艺出版社2000年版。

杨有洪著:《中国清代民间绣枕片选萃》,远方出版社2004年版。

黑龙江大学满族语言研究中心:《满语研究》1985—2010年。

辽宁省民族研究所:《满族研究》:1985—2010年。

黄斌、刘厚生著:《大金国史话》,吉林人民出版社2002年版。

杨清源、徐玉良主编:《满族历史文化研究》,中国戏剧出版社。

兰州满族联谊会编:《满族风情录》,四川民族出版社1994年版。

刘厚生、李乐营主编:《汉满词典》,民族出版社2005年版。

路地、孙辑六主编:《现代满族英烈传》,辽宁民族出版社1993年版。

郭淑云、王宏刚主编:《活着的萨满》,辽宁人民出版社2001年版。

傅英仁搜集整理:《满族神话故事》,北方文艺出版社1985年版。

张其卓、王明恩著:《丹东满族史略》,吉林大学出版社2006年版。

王迅著:《郭尔罗斯考略》,辽宁民族出版社2002年版。

《檀营》,北京密云县檀营地区工委宣传科,自印本.

千里原主编:《民族工作大全》,中国经济出版社1994年版。

广州市满族历史文化研究会会刊:《广州满族》,2010—2016年刊

袁亚非主编:《一代盛京》,中国人民大学出版社1993年版。

李凤琪、唐玉民、李葵:《青州旗城》,山东文艺出版社1999年版。

佟明宽、李德进编著:《满族佟氏史略》,1999年版。

李治亭、刘小萌等:《爱新觉罗家族全书》,吉林人民出版社1997年版。

瀛云萍编著,翁福祥编审:《满族史》,自印本,1900印制。

平湖市《乍浦镇志》编纂委员会编:《乍浦镇志》,中国文史出版社2011年版。

《陕西省志》,第五十九卷军事志,陕西人民出版社1994年版。

《江苏省志》,军事志上册,军事科学出版社2000年版。

《上海民族志》编纂委员会编:《上海民族志》,上海社会科学院出版社1997年版。

保晓冲著:《南通保氏轶事》,江苏文艺出版社2013年版。

陈江明著:《清代杭州八旗驻防史话》,杭州出版社2015年版。

程光裕、徐圣谟主编:《中国历史地图》,中国文化大学出版社1984年版。

沈阳市委民族志编撰办:《沈阳满族志》,辽宁民族出版社1991年版。

哈尔滨双城区政协编,周振文主编:《双城谱》,2015年印制。

宋兆麟著:《最后的捕猎者》,山东画报出版社2001年版。

姜相顺著:《神秘的清宫萨满祭祀》,辽宁人民出版社1995年版。

张熙、林茂玉著:《图说琴江新志》,香港天马出版有限公司2007年版。

关纪新著:《满族现代文学家艺术家传略》,辽宁人民出版社1987年版。

傅英仁、张爱云编:《傅英仁满族故事》,黑龙江人民出版社2006年版。

傅英仁、张爱云编:《傅英仁满族故事》,黑龙江人民出版社2006年版。

中国民间文艺研究会辽宁、吉林、黑龙江三省分会编:《满族民间故事选》,春风文艺出版社1983年版。

王学良主编:《追寻远古》,双鸭山市文物考古资料汇编编委会,2008年。

郭淑云著:《原始活态文化——萨满教透视》,上海人民出版社2001年版。

黄任远著:《赫哲那乃阿伊努原始宗教研究》,黑龙江人民出版社2003年版。

谷长春等主编:《满族口头遗产传统说部丛书》,吉林人民出版社2009年版。

杨锡春、李兴盛著:《宁古塔历史文化》,黑龙江人民出版社2010年版。

鲁连坤讲述,富育光译注:《天宫大战》《乌布西奔妈妈》,吉林人民出版社2007年版。

马亚川遗稿,黄任远、王益章整理:《女真萨满神话》,黑龙江人民出版社2006年版。

博大公、季永海、白立元、赵志忠编:《满族民歌集》,辽宁民族出版社1989年版。

马协弟主编,《杭州八旗驻防营志略绥远旗志京口八旗志福州驻防志》,辽宁大学出版社1994年版。

后 记 寻根萨哈连乌拉

我（中）和爸爸妈妈合影

"我从哪里来?"是人类生命的永恒主题。千百年来，人类学、民族学学者们一直在寻找着生命的起源、族群的衍变。而在民间和个人来说，则寻找着家族和个人生命的来源。

在少女时代，我一直是知道我的老家在黑龙江双城。填写的民族是汉族。非常幸运的是，1988年一张盖有柳州市民族和宗教工作委员会印章的证明，将我和儿子的民族重新恢复为满族。

那是20世纪80年代初，我父亲白永胜从千里之外的广西回到黑龙江畔的高家窝棚，时病卧在炕上已不起的爷爷白凤起对我父亲说："孩子，咱们是满人。去把你的民族改过来吧。"那一年，是我父亲与他的父亲最后一次见面。

在父亲给我讲述的那一刻，那一席话，激活了我家族的生命符号，也激活了我心底的疑问，我问母亲高秀坤："妈妈，我们是满族人，那我们的老家就肯定不是在双城，是在哪里呢?"妈妈回答我："是的，双城不是咱们老家，你姥爷是从北京迁旗回双城的，你奶奶和爷爷家是从庄河那家堡子来到双城的，再远以前的老家，就记得你太姥姥留下一句话：meheniuolu samanhala huerha。可是，那么老的年头了，都不知道是在哪了。"

我踏上了寻找我的生命之根的道路，我成为上海图书馆的读者，从书中的寻找，我知道了黑龙江的满语是萨哈连乌拉，它的出海口连着鄂霍次克海（东海），满族的前身是满洲、女真、东海野人女真。我还致信辽宁大学王火教授，请他给我起了个满族式的名字。

在寻找家族的生命本根行程中，我发现了满族文化的寒冬与春秋，看到了满族文化的颓废与勃发。当然，也看到了满族文化在满族族群里的被陌生和遗忘，更看到了满族后裔希望了解自己家族和本民族文化的迫切和渴望。然而，1912年以后，满族文化屡遇雨雪冰霜，满洲氏族的老姓改了，氏族的家谱烧了，神圣的萨满祭祀被禁止了，近半个多世纪的磨难，许多的满洲氏族文化已流逝，被遗忘，可谓痛惜、遗憾！寻找生命的本根谈何容易？

幸而20世纪80年代，国家改革开放，满族文化复苏。寻根成为许多族胞的梦想和追求。在百感交集之中，我萌生了将学习满族文化类学术著作的心得与文学创作嫁接，叙写满族民族文化类的书籍，让满族后裔能够更多地了解满族的历史和文化，从我们这一代人开始，学习、传承满族的民族文化，从我们这一代人做起，创新、发展本民族文化，让我们的满族文化与时俱进，汇入中华民族文化之中，千秋万代地保持中华民族文化的多元和灿烂！

1998年，上海市长途电信局送我师从著名剧作家曲信先先生学习写作，在曲老师的点拨下，我萌生了写我爸爸和妈妈，写我老家——黑龙江畔一个满族聚居的小屯子的想法，对我的想法，曲老师给予了极大的鼓励，他说：你们满族的历史文化深厚，非常值得写，但是，多数作品写的是清廷、皇帝，很少有民间的满族文化，你要写，就要寻找你们满族的民间民俗文化，写得越细就越有文化价值。

从此，我开始了寻找生命之根的写作。

我挎着文学的花篮向北方。难忘2000年，那年初夏，我在东海之畔的上海，登上开往萨哈连乌拉（黑龙江）的特快列车，开始了寻找我家族生命之根的路。在阿城我祭拜了完颜阿骨打，在镜泊湖畔，我拜访了黑龙江流域三大萨满世家传人傅察·哈楞阿（傅英仁），他请出神像，敲响神鼓，唱起神歌，念诵神词，从此，阿布卡恩嘟哩赫赫赐予我女神文化的光辉。

我背负着寻根的使命向四方。我数次千里迢迢，独身一人往东北、华北、华东、广西等地区考察、采风；在不断前行的路上，是众多满、蒙、回、汉、壮、苗、瑶、

侗、幺佬、赫哲、锡伯、鄂伦春、鄂温克等萨满文化、民族文化学者和同胞给予我极大的帮助，是满族艺术家在创作上给予通力合作，使我得以勇敢坚强、孜孜不倦地追寻着萨满女神的足迹。

我收获着文学人生的第一朵鲜花。2001年，一部26万字的长篇小说《秋霄落雁女儿情》完稿。衷心感谢陈国经、尤喜绵、陈嘉、迟海燕，是他们为我出版这部长篇小说提供了出版资金的支持；衷心感谢广西壮族自治区文学联合会、广西作家协会，还有我父亲的战友们，他们为《秋霄落雁女儿情》隆重举办了赠书首发仪式，并接收我为广西作家协会会员；衷心感谢中国社会科学院民族文学研究所、中央民族大学少数民族文学研究所、上海社会科学院上海研究中心、上海移动通信公司为《秋霄落雁女儿情》举办了《秋霄落雁女儿情》与当代少数民族文学发展研讨会，2006年，中国社会科学院民族文学研究所、中国作家协会创联部、中国少数民族妇女文学交流中心、上海文学创作中心、重庆出版社、上海移动通信有限责任公司在上海联合举办"中国少数民族女性文学论坛暨《神妻》作品研讨会"。我，由此成为中国满族作家。

我感恩着文化交融的奇遇。难忘2011年出席朋友们举办的一个南极讲座，我的东海女神与台湾海洋大学校友会名誉会长冯台源先生的南极冰雪相遇。冯先生以渊博的学识，宽泛开明、汇融包容的文化理念，给予我多元文化思维的启迪，他的一句询问"满族不是马背民族吗？怎么是海洋民族呢？"让我看见萨满文化初萌的人类文明亮光，在我脑海里打开了一扇中国萨满海洋女神的始前文化之窗。在他给我讲述的世界海洋文化中，我寻到了满族先民的本源文化之根。因此，我们合作出版了《中国萨满女神系列——东海·南极》，此书一经出版，古老原始、古朴神秘的中国满族萨满女神文化，迎来了学术界和媒体的广泛关注，全国各大主流网络和纸媒的报道，激励我继续开始创作《中国萨满女神系列丛书》的遥远行程。冯先生亦在百忙之中前往中国吉林、黑龙江、内蒙古，以及日本、俄罗斯等东北亚、北欧地区，往返于上海和台湾之间，拍摄了大量精美且具有鲜明地域和民族文化色彩的摄影作品，为我的文学创作提供了参考和配图资料。从此，我踏浪进入中国满族萨满文化的海洋，寻找我先祖的诞生地——满族萨满女神诞生的东海，那里连着鄂霍次克海。我开始叙写人类初年文明和狩猎时代的中国萨满女神文化，它，是中国的，也是世界的海洋女神创世文化。如果以女神崇拜出土文物来论证,它,是在遥远的6000多年以前的人类文化,如果是以口口相传的满洲氏族萨满说部来述说,它,是人类始前文明。

我怀抱着中国萨满女神文化的珍宝,历经10多年的创作积累和辛勤笔耕,近一百万的文字已是斐然成书四部,然而出版《中国萨满女神系列丛书》却是步履艰难。所幸的是,在国家弘扬和保护各民族传统文化,努力实现民族文化的创造性转化和创新性发展,加强各民族交往交流交融,各兄弟民族团结和睦,共同实现中华民族文化伟大复兴时代的大背景里,上海社会科学院出版社社长、总编缪宏才先生,副总编唐云松先生,总编办公室主任杨国先生关心呵护中国少数民族文化,鼎力全资出版本套丛书,终圆我与众多满族萨满文化学者、满族艺术家薪火传承先民人类始前文化之心愿,作为一个满族作家,深感幸运!

在本书出版之际,深情怀念为保护、传承萨满文化而作出巨大贡献的传世萨满群体。记得我前往黑龙江宁安拜访黑龙江流域三大萨满世家传人傅察·哈楞阿(傅英仁)先生,他用三天时间给我讲述了满族萨满文化的根源,讲述了萨满女神的故事;他落泪嘱咐我:"好好地传承咱们的萨满文化吧,这是咱们满族的文化之根啊!"那年,我以满族妇女的请安礼半跪在地,敲响他送给我的神鼓,向他承诺:"傅老师,您放心,我将承前启后,传承萨满文化,不枉我为满族的女儿。"

而今,可以告慰傅老和已远行的满洲氏族世传萨满智者,在中华民族文化伟大复兴的中国梦时代,你们创造和传承的人类始前文明——萨满文化,在中华民族多元文化的百花园里,已还原其本质,薪火传承,萨满神歌千秋传唱,萨满神舞世代蹁跹,萨满神词环绕人间。中国萨满女神文化,必将是人类文明宝库中美轮美奂、高贵壮丽的一部宏伟史诗。

值本书正式出版之际,仅代表本书中的满族萨满文化学者、满族民间艺术家向上海社会科学院出版社的领导和编辑表示衷心的感谢!向以下长期关心和支持本人文学创作的各民族专家学者及同胞们表示衷心的感谢:

北京市:舒乙、关纪新、辛旗、尹汉胤、赵书、于今、赵志忠、余梓东、徐玉良、金宝森、穆静、田美莲、祖菜、金适、那根正、金子、叶明、鄂君泰、赫英菊、李立元……

黑龙江省:傅英仁、张爱云、傅清泉、赵阿平、黄任远、王燕铭、关彦斌、张爱云、那国学、关伯阳、伊里布、阿济格、傅清泉、李殿军、王常青、梅庆吉、陈会学、计

守忠、祁学俊、郎国兴、赵力、段喜珉、汪波、关利、关尔佳·塔娜……

　　吉林省：富育光、施立学、那炎、裴立杨、刘厚生、朱立春、曹保明、穆鸿利、郭淑云、赫然、张文彬、张洪江、王纯信、王纪、关云德、关长宝、关云蛟、王硕、金标、爱新觉罗·恒绍……

　　辽宁省：肇乐群、赵凤林、白万玺、杨国茂、路地、张佳生、白长青、关加禄、王火、佟悦、赵荣力、洪海波、刘中平、李薇、李萍、李维峻、李红军、关彬、萧寒、常裕铖、佟明宽、赵朝勋、西林和璠、来力红、石刚、胡厚良、张华山、孙安琳……

　　河北省：赵文伟、布尼依林、乔彦明、布尼伊林、杨清源、钱树信、滕腾、杨佐旗、铁男、白瑞杰、战英民、兆基、许克、王可、钟桂学、杨佐旗……

　　上海市：纳日碧力戈、安俭、田兆元、李培勤、张华山、孙安琳、陈国经、尤喜绵、迟海燕、陈嘉、关壮民、今波、佟瑞敏、洪建康、唐晓红、石俊、金伟成、庄文平、张彪、关放、杨勇、洪建康、侯大根、陆亚平、胡晓岚、邹农、刘惠明、吴福康、王可、李娜、朱玥如、王杰、成婕、张刚、翁德坤、楼曙光、董康定、任知北、万永良、龚招娣、陈铁军、樊淑琴、武新生、王玲、王庭昌、朱铁军、朱志有、李逊、关艾琪、金秋实、游红霞、赵永国、孙伟建、黄晓芬……

　　浙江省：杨燕、谢建忠、钱斌、倪琦根、顾建忠、包永正、彭见兴、阎其超、倪琦根、张卫东、陈江明、段宝成、陈振其……

　　江苏省：钮启贤、保朴、杨益清、张薇丽、保晓冲、马志江、姚卫民、朱晖蓉、唐成海、宋亚欣、吴晓霞、莫仲钧、余红艳、冷以骏……

　　山东省：伊荟林、杨晓东、唐玉林、唐宝红、赫舍里·慧勇、汪辉明、李凤琪、唐玉民、唐德顺、吴秋顺、付豪、费秉江、曹震、佟永丽、佟冬梅、关佳、李宇飞……

　　新疆维吾尔自治区：锋晖、伊陈永……

　　台湾地区：冯台源、佟光英、翁福祥、吕宗纬、吕柏良、江格宗、张丽芬、王国善、李志霖、曾正信……

　　另有散居全国各地八旗后裔的满族、蒙古族、汉族同胞：

　　四川赵尔劲、曾文凤、何特木勒，内蒙古佟靖仁，广东金玉阶、徐明，云南张蓉兰，福建粘伟诚、尤修意、赵燕生、郑巧蓬、贾展云、林茂玉、粘国民、粘良图、粘秋生，湖北关顺培、严凯峰，广西王瑞祥……

　　由于篇幅关系，尚有许多为我提供帮助的老师、朋友、族胞，未能一一列出，也在此向他们表示歉意,并送上我诚挚衷心的感谢!

　　本套丛书历经10多年的创作,而今正式出版之际,所有的艰辛,所有的喜悦中,我感谢阿布卡恩嘟哩赫赫赐予了我一个幸福的家庭,感谢我的父亲白永胜、母亲高秀坤给了我生命,养育了我,给我讲述和传承了家族的文化根脉。感谢我的丈夫侯国华为支持我远赴外地的民间采风和田野调查,承担了家里的全部重担,他和我们的儿子侯超斌、儿媳孙燕给我了一个阳光明媚的港湾,使我得以扬起生命的风帆,去探寻海洋萨满女神文化的神奇和久远。

　　在本书出版之际,我要特别感谢满族萨满剪纸艺术家关云德、关长宝、傅清泉、瓜尔佳·塔娜,画家尼玛察·双凤、王纪,满文书法家班布尔(蒙古族)、金标、王硕、段宝成等和许多未能一一列出的满族艺术家,提供他们的艺术作品给本书使用,为本书的创作增添了民间艺术和美学的魅力。同时还要特别感谢帮助我学习和传承萨满文化的学者,为我民间采访提供帮助的族胞,正是他们的帮助,《中国海洋萨满女神系列丛书》才得以"众人捧柴火焰高"地创作完成。

　　在本书出版的欣慰之际,我亦诚惶诚恐,满洲先民创造的萨满文化古老悠久、博大精深,集人类文明、思想意识、社会哲学、文学艺术于一体,本书创作过程宛如在东海的江河湖泊中打捞东珠,在大地山川中寻觅森林珍宝,奔腾的浪花中,山野的季风中,是一定会有未涉及到的文化遗存,也会有瑕疵和不足的地方,敬请方家和读者对本书中的遗落和瑕疵指正,我将如获至宝,字句在心,认真学习,辛勤笔耕,使自己的萨满学术研究和萨满文学创作"百尺竿头更进一步"。

尼阳尼雅·那丹珠(白玉芳)

2015年11月24日

后记　寻根萨哈连乌拉

227

特 别 声 明

　　《中国萨满女神丛书系列》共四卷,分别为:《萨满·萨满》、《生命·生命》、《八旗·八旗》(上下),其创作是本人历十余年田野调查、采风四方,在各民族萨满文化学者,满族文化学者,满族文学家、艺术家以及各兄弟民族同胞真诚和无私的帮助下而完成。

　　在本书的创作过程中,满族文化学者、满族民间艺术家以他们享有知识产权的学术、文学、艺术作品与本人合作,使得本书以首次将人类初年文明的萨满文化贯穿于满族族群文化、八旗文化、社会历史文化,具有独创性和唯一性,图文并茂地成书,并在上海社会科学院出版社的鼎力支持下,付梓出版。

　　鉴于本书的文字、图形、绘画、剪纸艺术品、表格制作等皆为本人与萨满文化,满族文化专家、学者,满族民间艺术家毕生研究原创并正式出版著作,享有完全著作权。现对本书的著作所有权特别声明如下:

　　本书所有文字、图形、绘画、剪纸艺术品、表格制作为全部版权所有,保留所有权利,欲利用、商用本书内容者(包括模仿及变形使用),必须依照国家版权法规定征求本人及相关著作权人同意与书面授权。

尼阳尼雅·那丹珠(白玉芳)

2015 年 11 月 24 日

萨满·萨满

图书在版编目（CIP）数据

萨满·萨满/白玉芳著.—上海：上海社会科学院出版社，2015（2021.3重印）
（中国海洋萨满女神系列）

ISBN 978-7-5520-0998-9

Ⅰ.①生… Ⅱ.①白… Ⅲ.①萨满教-宗教文化-研究-中国 Ⅳ.①B933

中国版本图书馆CIP数据核字（2015）第207350号

萨满·萨满
（中国海洋萨满女神系列丛书）

作　　者：尼阳尼雅·那丹珠（白玉芳）
责任编辑：杨　国
封面设计：周清华
出版发行：上海社会科学院出版社
　　　　　上海顺昌路622号　邮编200025
　　　　　电话总机021-63315900　销售热线021-53063735
　　　　　http://www.sassp.org.cn　E-mail: sassp@sass.org.cn
照　　排：南京展望文化发展有限公司
印　　刷：三河市同力彩印有限公司
开　　本：787×1092毫米　1/16开
印　　张：15.75
插　　页：2
字　　数：241千字
版　　次：2016年6月第1版　2021年3月第2次印刷

ISBN 978-7-5520-0998-9/B·118　　定价：59.80元